Uwe Böschemeyer

Das Leben meint mich

Meditationen
für den neuen Tag

Ein Jahrbuch
im Ellert & Richter Verlag

Vorwort

Dieses Buch möchte Sie ein ganzes Jahr lang begleiten. Vielleicht lesen Sie es täglich, möglicherweise interessieren Sie sich an einem Tage auch für mehrere Texte. Sie selbst werden sehen, welche Art des Lesens Ihnen gefallen wird.
Manchmal spreche ich Themen über mehrere Tage an. Meistens jedoch kommt an jedem neuen Tag ein anderes Thema zur Sprache. Einige mir wichtig erscheinende Themen werde ich verschiedentlich wieder aufgreifen. Ich glaube nämlich, daß – merkwürdigerweise – weniges in unserem Leben so flüchtig ist wie jene Gedanken, die uns zur Erweiterung unserer Persönlichkeit führen könnten. Ihnen, lieber Leser, wünsche ich, daß Sie Zeit finden werden, die einzelnen Seiten nicht nur zu lesen, sondern auch auf sich wirken zu lassen. Denn nur das, was wir aufnehmen, kann sich in unserem Inneren auch auswirken. Mir wünsche ich, daß auf allen Seiten zum Ausdruck kommt, was ich in den Jahren meiner Arbeit mit Menschen meine herausgefunden zu haben: daß es genügend Gründe für ein gelingendes Leben gibt und sie sich auch finden lassen. Und manche dieser Gründe und die Wege dorthin lassen sich sogar konkret zeigen.

Noch etwas: Auf vielen Seiten ist von „er" und „ihm" die Rede. Natürlich meine ich damit den Menschen, die Frau und den Mann.

Schließlich: Dieses Buch erschien zunächst im SKV-Verlag. Es fand 40 000 Leser. Da aber die Nachfrage weiterhin beachtlich war und blieb, entschied ich mich für einen schlichten Nachdruck bei Libri – Books on Demand. Glücklicherweise fand sich nun der Ellert & Richter Verlag bereit, das revidierte Buch noch einmal und in ihm entsprechender Form zu verlegen. Ich bin dafür sehr dankbar.

Uwe Böschemeyer
Lüneburg, im August 2001

Januar

Hoffnung, die in mir selbst liegt

365 Tage unverbrauchten Lebens liegen vor uns. All diese Tage sind noch frei von Ein-Drücken, noch unberührt wie eine lange, frisch beschneite Straße. In nichts sind wir gescheitert, alles ist noch offen – und auch die Stunden, die vor Glück duften, sind noch nicht gewesen. Nichts muß sich wiederholen, vieles kann sich ändern.
Daran zweifelst du?
Du sagst, du bringst dich doch selber mit in dieses neue Jahr?
Das stimmt – und stimmt auch wieder nicht.
Kein Mensch gleicht dem anderen, und keiner bleibt sich selbst gleich. Leben, vor allem das menschliche, verändert sich ständig – körperlich, seelisch, geistig. Wie und wohin es sich verändert, hängt jedoch wesentlich davon ab, ob du dich an dem Prozeß der Veränderung selbst beteiligst. Du kannst dein Leben führen, du kannst es auch führen lassen. Du kannst deine Ziele selbst bestimmen, du kannst die Orte, zu denen du kommst, auch bestimmen lassen, von außen – und auch von innen.
Ich selbst glaube daran, daß dieses neue Jahr nicht weniger Gold im Geröll der Mine haben wird als all die Jahre zuvor. Ich möchte aber – anders als in den vergangenen Zeiten – das Geröll zwar nicht übersehen, doch viel mehr noch nach dem Gold suchen, das darauf wartet, von mir gefunden zu werden.

Positives und Negatives

Wir erlebten nie Positives, gäbe es nicht Negatives. Wir erlebten nie, was Freiheit ist, gäbe es keine Unfreiheit. Wir erlebten nie Glück, gäbe es kein Leid.
Ein Stern strahlt nur auf dunklem Hintergrund. Das flutende Meer berauscht uns, weil wir die Ebbe kennen. Unser Leben ist uns so kostbar, weil der Tod es begrenzt. Alles Gegensätzliche bedingt sich, gehört zusammen, ist im Grunde eine Einheit.
Doch wir wollen nicht das Negative, wir wollen nicht die Unfreiheit, wir wollen nicht das Leid – und übersehen dabei, was geradezu tragisch zu nennen ist, daß genau diese „negativen" Dinge die Voraussetzung für die Möglichkeit sind, das Positive, die Freiheit, das Glück und alle anderen sinnvollen Dinge erleben zu können. Am liebsten würden wir alles, was zum „negativen" Bereich gehört, vermeiden, ausschalten, ausmerzen, isolieren. Doch könnten wir es, dann lösten wir die innere Einheit der Gegensätze auf und verlören unsere menschliche Identität.
So viele Lebensprobleme resultieren aus diesem tiefen Mißverständnis der Grundstruktur des Lebens! So viele „schwere" Stunden könnten wir ganz anders verstehen und erleben, wenn uns deutlich wäre, daß wir nur dann kein volles Leben haben, wenn wir es nur zur Hälfte wollen.

Persönlichkeitserweiterung

Zu den für Menschen charakteristischen Dingen gehört vor allem die Möglichkeit, die Persönlichkeit bis in die letzte Stunde hinein erweitern zu können.
Diese anscheinend wenig bekannte Tatsache hängt mit der anderen Möglichkeit zusammen, daß Menschen, solange sie leben, sich frei verhalten können – selbstverständlich innerhalb bestimmter Grenzen.
Daß wir allerdings von dieser Freiheit so wenig zu sehen bekommen, hängt mit unserer erstaunlichen Seinsfaulheit zusammen, die wohl zu uns zu gehören scheint.
Es gibt keine Lebensphase – die Jugend nicht, die mittleren Jahre nicht und auch das Alter nicht, in der wir zwangsläufig weniger als in anderen Phasen Sinn finden könnten. Denn jede Zeit hat ihre eigenen Gesetzmäßigkeiten, ihre spezifischen Schwierigkeiten ebenso wie ihre spezifischen Möglichkeiten.
Alles kommt darauf an, ob wir uns vom Leben berühren lassen oder nicht, ob wir unsere Freiheit in Gebrauch nehmen oder nicht, ob wir richtig leben *wollen* oder nicht.

Kann sich ein Mensch ganz annehmen?

Kein Mensch kann sich ganz annehmen. In jedem von uns sind Grund-Gefühle angelegt, die zu uns gehören und in uns bleiben werden, solange wir leben, z. B. Gefühle der Angst, Aggression, Trauer, Schuld oder auch der Minderwertigkeit.
Warum ist das so?
Weil Leben, auch das menschliche, auf dem Wechselspiel polarer Faktoren beruht und diese Polarität für alles Leben bestimmend ist. Wir begegnen dem Gesetz der Polarität immer und überall:

Tag und Nacht –
Hitze und Kälte –
Geburt und Tod –
Natur und Geist –
Liebe und Haß –
Mann und Frau.

Vom Gesetz der Polarität her gesehen sind die negativen Grund-Gefühle jedoch keineswegs nur als Geißeln der Menschheit zu betrachten, sondern auch als Herausforderungen dazu, dem Leben immer mehr und immer tiefer Sinnwirklichkeiten abzuringen.

Kann sich ein Mensch ganz ablehnen?

Wer sagt, er könne sich selbst nicht annehmen, sagt diesen Satz aufgrund seiner bisherigen Lebenserfahrung.
Ist aber nicht die Tiefe seiner Selbstablehnung nur das verzerrte Spiegelbild seines tiefen Gefühls, daß er sich selbst – im Grunde – doch wertvoll fühlt?
Denn wie in jedem Menschen „negative" Grundgefühle angelegt sind, so auch „positive", häufig zwar verdeckt, überlagert, kaum spürbar, diffus verformt – und doch sind sie da: Gefühle von Freiheit, von Liebe, von Mut, von Sehnsucht nach Leben, nach Sinn, nach Sein-Wollen, nach Selbst-sein-Wollen.
Das zeigt sich z. B. in den Träumen der Menschen: daß Menschen auch in ausweglos erscheinenden Situationen auf beeindruckende Weise ihr Ringen um eigenes Sein und eigenen Sinn dokumentieren, selbst wenn der schmal gewordene und bedrängte Raum ihres Bewußtseins davon kaum Kenntnis nimmt.

Es kommt nicht von selbst

Von Trieben werden wir getrieben,
nach Sinn müssen wir suchen.
Von Wut werden wir überfallen,
um Versöhnung müssen wir ringen.
Haß ergreift uns,
Liebe müssen wir erobern.
Melancholie schleicht sich in uns ein,
zu den Gründen der Freude müssen wir gehen.
Zwänge zingeln uns ein,
nach Freiheit müssen wir uns ausstrecken.
Krankheit kommt von selbst,
Gesundheit müssen wir wollen.

Wollen kommt nicht von selbst.
Was wir wollen, müssen wir suchen.

Gedankenanstöße

Es gibt Gedankenanstöße, die Leben verändern können, wenn man sich von ihnen berühren läßt. Laß dich auf den ein, von dem du denkst, er könnte dich bewegen:

Zuletzt gefreut habe ich mich …
Mein ganzes Leben lang wollte ich …
Was ich zum Leben wirklich brauche …
Wenn ich mir Zeit nähme, würde ich …
Eigentlich wollte ich mal wieder …
Wenn ich die Meinung anderer nicht so wichtig nähme, dann …
Eine Möglichkeit, wie ich mir selbst helfen könnte, die ich jedoch nicht wahrnehme, ist …
Ich traue mir zu, daß ich …
Kraft fühle ich, wenn …
Hoffnung macht mir …
Leider kann ich nicht darauf verzichten …
Warm wird mir ums Herz, wenn ich …
Im Mittelpunkt meines Lebens steht …
Mich selbst vergessen kann ich, wenn …
Begeistern kann ich mich für …
Ich setze mich ein für …
Ich will leben, weil …
Würde ich morgen sterben, würden Freunde von mir sagen …

Das Wichtigste am Menschen

Was ist für dich das Wichtigste am Menschen?
Das, was er hat?
Das, was er darstellt?
Das, was er will?
Das, was er kann?
Seine Intelligenz?
Seine schulische Bildung?
Ist nicht das Wichtigste am Menschen sein Ringen darum, immer mehr Mensch werden zu wollen?
Wie wäre denn ein solcher Mensch?
Er wäre jemand, der immer freier, immer wärmer und immer klarer zu werden versuchte.

Die große Herausforderung

Jeder Mensch hat ein bestimmtes Grundproblem, z. B. die Wut, die Angst, den Neid oder die Maßlosigkeit. Es ist wichtig, dieses Problem zu kennen, weil es das ganze Leben bestimmt.
Das Grundproblem ist aber nicht nur die größte Gefährdung eines Menschen, sondern auch seine größte Herausforderung, und das deshalb, weil alles im Leben zwei Pole hat. So kann der Wütende gelassen, der Ängstliche mutig, der Neidling großzügig und der Maßlose bescheiden werden.
Wer sagt eigentlich, daß Leben nicht spannend sei?

Das Herz und die Wut

Die Wut tobt in ihrer entlegenen Kammer. Ganz rot ist der Raum von ihren Strahlen. Zerstört ist schon alles, worüber sie fiel.
Da bricht sie aus, rennt durch die inneren Flure, schäumt dem entgegen, der sie in Aufruhr brachte. Und bleibt dann stehen.
Sie sieht das Herz, das in der rechten Hand den von der Wut gehaßten Spiegel trägt. Sie sieht hinein in dieses Glas, das sie schon längst zu gern zersplittert hätte – und weiß Bescheid.
Sie kehrt zurück an ihren Ort, noch grollend zwar, und doch in dem Gefühl, daß niemand hier im inneren Lande mehr weiß vom Leben als dieses merkwürdige Herz.

Verwöhnungstag

Stell dir vor, daß du dich zweimal im Monat, an ganz bestimmten Tagen, von dir selbst verwöhnen läßt.
Du folgst, soweit wie möglich, deinen Wünschen und Impulsen.
Du erlaubst dir das, was du dir sonst nicht erlaubst. Du wirst hoffentlich selber wissen, was das sein könnte.
Es geht an diesen Tagen jedoch nicht nur ums Tun, sondern auch ums Sein. Es geht darum, daß du in dieser Zeit dir selbst ein Freund bist.
Sich selbst ein Freund sein, das bedeutet: Sei so zu dir, wie du deinem Freund gegenüber manchmal sein kannst (du weißt schon, was ich meine).
Und wenn an deinem Verwöhnungstag dir einmal oder zweimal das eine oder andere nicht gelingt, dann gilt die Spielregel, daß du dich sowenig wie möglich darüber ärgerst. Der nächste Verwöhnungstag kommt ganz bestimmt.
Leider gibt es immer nur wenige, die tun, wovon sie träumen. Ich wünsche dir, daß du zu ihnen gehörst.

Diese Welt

Du sagst, man könne doch in *dieser* Welt nicht mehr leben. Was meinst du nur mit diesem Satz?
Die Luft ist verpestet, die Flüsse sind es auch. Die Kriege werden brutaler, die Straßenkämpfe auch. Der Lärm nimmt zu, die Unruhe in den Menschen auch. Du hast ja recht in allem, was du sagst, und auch in dem, wovon du nachher weitersprechen wirst. Ich leide auch unter dem, was dir zu schaffen macht.
Und doch: Du lebst. Du vegetierst nicht. Und vieles, was du erlebst, magst du wahrscheinlich noch immer. *Diese* Welt, an der wir leiden, ist *unsere* Welt. Diese Zeit, durch die wir gehen, ist *unsere* Zeit. Dieses Leben, das wir in dieser Welt und zu dieser Zeit haben, ist *unser* Leben. *Diese* Welt ist für dich und mich Gefährdung, Möglichkeit und Aufgabe zugleich.
Du kannst *diese* Welt ablehnen. Du kannst sie auch annehmen. Du kannst dich ihr ab heute zur Verfügung stellen und daran mitarbeiten, daß sie zu deiner Heimat wird. Du kannst auch die fade Rede führen, ein einzelner könne ja ohnehin nichts tun. Wenn du jedoch auf diesem Standpunkt stehenbleibst, dann sieht „es“ in der Tat noch dunkler aus für dich – und auch für mich.

Träume

Wer seine Träume Schäume nennt, gleicht einem Menschen, der Kugeln aus Gold in den Abfall wirft, weil er meint, sie seien nichts wert.
Träume sind unsere Freunde, sind die wirksamsten Mittel für die Erweiterung unserer Persönlichkeit, sind hilfreiche Korrektoren unserer Einstellung zum Leben.

Sie mahnen, warnen und kontrollieren.
Sie informieren und lehren.
Sie trösten.
Sie stellen in Frage und beantworten Fragen.
Sie zeigen das Verinnerlichte.
Sie erhellen Vergangenes und manchmal auch Zukünftiges.
Sie vermitteln individuelle und allgemeine Einsichten in Leben.
Sie zeigen Bilder des Geistes, z. B. der Freiheit, der Liebe, des Sinns.
Und manchmal führen sie auch hinaus über die Grenzen der Erde bis weit in den Himmel.

Träume sind Gefühle, die Gesichter bekommen haben, sind Bilder der Seele, die von Dingen des Lebens wissen, von denen der Verstand gar nichts weiß.

Es ist besser zu wagen

Wenn du aus nächster Nähe den Gipfel des Berges siehst und den letzten, steileren Pfad nicht mehr gehst –
wenn der Mensch, in den du schon lange verliebt bist, dir zulächelt und du ihn nicht ansprichst –
wenn dir endlich die Aufgabe, die du schon lange so gern übernehmen wolltest, übertragen werden soll und du nein sagst –
wenn du nach vielen Jahren spürst, daß in dein Leben, ganz anders als in der vergangenen Zeit, Glückstropfen fallen und du sie nicht aufzufangen wagst –
dann tust du mir leid.
Auf all diese Kostbarkeiten willst du verzichten, nur weil du deine Angst ernster nimmst als deine Sehnsucht?

Frühe Jahre – spätere Jahre

Man sagt, vor allem die frühe Kindheit präge das spätere Leben. Das ist wohl so, denn Kinder können in der Tat auf ihr Geschick selbst wenig Einfluß nehmen.
Sie wissen nicht, daß ihr Leben auch anders aussehen könnte. Sie haben keinen Maßstab, um das, was sie erfahren, selbst beurteilen, und vor allem keine Macht, um das, was sie wollen, durchsetzen zu können.
Und doch: Die ersten Jahre prägen den Menschen, aber sie bestimmen nicht sein Schicksal. Sie liefern ihm viel Stoff für sein späteres Leben, doch was er daraus macht, liegt wesentlich an ihm.
Irgendwann einmal spürt jeder, der über den Verlauf seines bisherigen Lebens unglücklich ist, daß die Qualität der weiteren Jahre davon abhängt, ob er auch künftig unter dem Diktat seiner Prägungen verharren – oder sich für neue Erfahrungen öffnen will. Die Frage ist nur, ob er sich dem, was er spürt, ganz zuwendet.
Wer Träume vieler Menschen kennt, wer immer wieder diese unbeirrbaren Lotsen zum gelingenden Leben an der Arbeit sieht, weiß, daß sich „unter“ den frühen Prägungen weites, unverbrauchtes Land ausbreitet, das darauf wartet, endlich er-lebt zu werden.

Das hab ich doch gehabt

Ich liebe eine kleine Geschichte, die mich seit Jahren begleitet:
Ein berühmter Clown, der vieles, was ihm wichtig war, verloren hatte, wurde von einem Reporter auf seine persönlichen Verluste hin angesprochen.
Da zog der alte Mann die Augenbrauen hoch und sagte, ungläubig über diese Frage staunend: „Das hab' ich doch gehabt", und noch einmal, um es seinem Gesprächspartner nur ja klarzumachen: „Das hab ich doch gehabt …"

Folge der Sonne

„Folge der Sonne durch die vier Jahreszeiten, nimm sie in dich auf, dann wirst du sehen!“ Diesen Satz hatte Nashi San schon früh von seinem Vater gehört. Verstehen konnte er ihn jedoch erst, als freundliche Helfer ihm die Weisheit dieses Wortes im „Garten der vier Jahreszeiten“ zu entdecken halfen:
„Wir kleinen Wesen“, sagte ihm einmal die Biene Haru, „... schauen nicht auf die Dinge, sondern in sie hinein. Wir sehen, hören, riechen, fühlen, schmekken sie mit all unseren Sinnen. Nur so werden sie sinnvoll. Wir nehmen sie mit unserem Herzen auf. Und mit allen Dingen in der Natur ... nehmen wir auch die Sonne selber in uns auf.“

Dunkelheit sein lassen

Tiefe Dunkelheit liegt über dem Weg. Das Ziel, zu dem ich will, ist noch fern. Vom Wind bewegte Büsche lassen seltsame Phantasien in mir aufsteigen. Angst breitet sich aus. Doch dann gewöhne ich mich an die Dunkelheit. Ich sehe hin auf das, was sich mir zeigt. Ich sehe weniger auf meine Ängste. Ich erreiche mein Ziel rascher, als ich dachte.
Es gibt Zeiten, in denen eine Dunkelheit über unserem Leben liegt, von der wir uns nicht so bald befreien können. Dann kann es lebenswichtig sein, das, was ist, anzusehen, zuzulassen und mit ihm vertraut zu werden.
Wir können vieles ertragen, wenn wir unser gespanntes Verhältnis zu unserer Not dadurch vermindern, daß wir das, was nun einmal ist, sein lassen. Vielleicht sogar können wir sie gut ertragen, weil dann, wenn wir sie sein lassen, der Blick sich wieder weitet für das, was neben, unter und über aller Not besteht.

Nicht alles ist gleich schlimm

Manchmal durchzieht uns die Angst, als gäbe es für sie keinen Widerstand. Es ist dann so, als wäre vieles, wenn nicht alles, zum Fürchten. In solchen Zeiten kann es gut sein, alles aufzuschreiben, was uns ängstigt, und zu überlegen, was denn das Schlimmste, das Zweitschlimmste, das Nächstschlimmste etc. zu sein scheint.
Wozu das gut ist?
Die Differenzierung der Ängste verringert deren globalen Druck. Denn nicht alles, was uns bedrängt, ist in gleicher Weise einengend. Das eine ist weniger schwer zu ertragen als das andere.
Fragt man danach, was schlimmstenfalls „dabei" herauskommen könnte, wird man in aller Regel erkennen, daß das, was uns vor allem ängstigt, zwar unangenehm werden, wahrscheinlich aber nicht katastrophal enden wird.
Und wenn man zwischen dem Schlimmsten, dem Zweitschlimmsten etc. differenziert, wird man auch leichter erkennen, welches Problem vorrangig, welches danach und welches gut und gerne auch später gelöst werden könnte.

Brücke und Mauer

Wenn zwei Menschen einander liebevoll ansehen, bauen sie in Windeseile eine unsichtbare Brücke von einem zum anderen. Und jeder von ihnen kommt rasch zu dem anderen.

Wenn zwei Menschen einander ablehnend gegenüberstehen, bauen sie, jeder für sich, in Windeseile eine Mauer, die jeden vom anderen noch weiter trennt. Und jeder von ihnen starrt gegen die Mauer.

Wenn einer von ihnen die Mauer nicht wollte, verlöre der andere – das könnte ja sein – seine grimmige Lust an dem häßlichen Bau.

Der goldene Preis

In dem Maße,
in dem wir uns für das verantwortlich fühlen,
was uns mißlang
und worin wir scheiterten,
wird unser Blick dafür frei, was wir auch sind:

Menschen mit Gold
im Geröll ihres Lebens.

So schwer zu begreifen?

Ist das so schwer zu begreifen, daß nur der, der tut, was ihm selbst entspricht, mit sich eins ist? Daß also der, der sich nach anderen richtet, sich selbst in ständige Spannung versetzt?

Ist das so schwer zu begreifen, daß vor allem der, der tut, was ihm selbst entspricht, frei wird von der Geißel des Urteils der anderen? Daß also der, der sich nach anderen richtet, ein Sklave der Urteile anderer ist?
Ist das so schwer zu begreifen, daß nur der, der sich selbst treu bleibt, Vertrauen ins Leben gewinnen kann? Daß also der, der sich nach anderen richtet, Vertrauen gar nicht gewinnen kann?
Ist das so schwer zu begreifen, daß nur der, der tut, was ihm selbst entspricht, ein ganzer, ein heiler, ein gesunder Mensch ist? Daß also der, der nicht tut, was ihm selbst entspricht, in ständigem Widerspruch mit sich selber lebt?

Merk-würdige Trauer

Es gibt merk-würdige Formen der Trauer.
Ein Pianist erzählte mir einmal von einer Konzertaufnahme beim Funk. Sechsmal hatte er ein bestimmtes Stück auf ein Tonband spielen müssen. Beim letzten Versuch spielte er fehlerlos und lupenrein, doch sein Herz hatte sich längst aus dem Spiel zurückgezogen. Ganz anders war's beim ersten Mal gewesen. Da war sein Herz voll Leidenschaft und voll Musik, doch dieses Konzert war nicht gesendet worden – wegen des einen kleinen Fehlers.
Das, was gewesen war, lag schon lange zurück, doch immer noch war Trauer in diesem Menschen mit der feinen Seele.
Soweit ich weiß, hat er seine Musik nie mehr „aufnehmen" lassen.

Sich schützen vor übermäßiger Aggression

Wie kann man sich davor schützen, auf die zunehmende Brutalisierung vieler, vor allem auch junger Menschen in unserer Zeit, übermäßig aggressiv zu reagieren?
Durch Einsicht: Wenn ein Mensch innerlich leer ist und nicht mehr weiß, womit er seine Seele füllen kann, haben vor allem die aggressiven Kräfte ein leichtes Spiel, sich des leeren seelischen Geländes zu bemächtigen.
Vieles, was unter uns an unmenschlichen Aktionen und Reaktionen geschieht, ist Aus-Druck des Gefühls tiefer Sinnlosigkeit von Menschen, die noch immer ahnen, daß Leben im Grunde Sinn in sich birgt, und die nichts lieber möchten, als diese Ahnung zu leben.

Warum nur?

Warum nur ist der, der wirklich liebt, so frei?
Weil er vom anderen nicht alles will.
Warum nur wird der, der wirklich liebt, selbst geliebt?
Weil er vom anderen nicht alles will.
Warum nur ist der, der wirklich frei ist, so liebevoll?
Weil er vom anderen nichts will.
Warum nur verschenkt sich das Leben gerade an den Freien?
Weil er vom Leben nicht alles will.

Wann kommt ein Mensch dazu,
frei zu sein und lieben zu können?
Dann, wenn er von der Liebe und der Freiheit und dem Leben nicht alles will.

Ekstase

Juble, wenn du kannst.
Schrei vor Wonne, wenn du kannst.
Umarm das Leben, wenn du kannst.
Küß das Leben, wenn du kannst.

Du kannst das nicht? Du kannst es.
Du kannst es deshalb, weil die Lust am Leben in dir ist, zu dir gehört, ausgelebt werden will, soll und kann.
Du sagst, die Umstände ließen den Jubel nicht zu?
Du denkst falsch, wenn du so redest.

Hast du es nicht satt, so rundum satt, dich in deiner Jubellosigkeit immer wieder nur auf deine Umstände zu berufen?
Gewiß ist vieles, was dein Leben erschwert, von außen auf dich zugekommen. Doch sind viele Umstände, die deinen Jubel verhindern, wahrscheinlich nichts anderes als Ausdruck deines eigenen Lebens. Und wenn das so ist, kannst du sie ändern.

Abwehr von Wichtigem

Wogegen wehrst du dich innerlich am meisten?
Das, wogegen du dich am meisten wehrst, kann das sein, was du zu dieser Zeit am dringendsten für dein Leben brauchst.
Vielleicht wehrst du dich dagegen, zu sagen, was du denkst, vielleicht auch dagegen, für dich selbst dazusein. Macht es dir Schwierigkeiten, über deine Rolle hinaus dich so zu sehen, wie du wirklich bist?
Es kann auch sein, daß du äußerste Mühe damit hast, die „Wonnen der Gewöhnlichkeit“ (Thomas Mann) an dich herankommen zu lassen.
Hast du es schwer, deine Gefühle zu äußern – oder damit, Unsicherheiten zuzulassen?
Deinen Schmerz soll niemand sehen, sogar du selbst nicht? Nichts ist dir widerwärtiger als deine eigenen „weichen“ Stellen? Oder bist du jemand, dem nichts unangenehmer ist als die Auseinandersetzungen mit der sogenannten Realität?
Wenn du wirklich wissen willst, wogegen du dich innerlich am meisten wehrst, dann geh noch einmal diese Punkte durch, und laß sie auf dich wirken. Du wirst schon ahnen können, was dich am meisten bedrängt.

In der Tiefe

Wie kann man tiefe Lebensfreude erleben, wenn man sie nicht in der Tiefe sucht?
Wie kann man tiefem Lebensglück begegnen, wenn man es nicht in der Tiefe sucht?
Wie kann man tiefen Lebenssinn erfahren, wenn man ihn nicht in der Tiefe sucht?
Wie kann man die Tiefe des Seins erfahren, wenn man die Tiefe nicht sucht?

Wo ist denn die Tiefe zu finden?
In dir,
nur in dir.

Und wo in dir?
In deinen Träumen,
in deinen inneren Bildern,
da, wo du ganz still zu werden beginnst.

Selbst-Erfahrung und Gottes-Erfahrung

Uns Menschen macht menschlich, daß wir über uns selbst hinausfragen können. Unser dinglicher Horizont ist zwar sehr begrenzt, unser geistiger jedoch nicht. Unser äußeres Auge sieht nur bis an die nächste Mauer, unser inneres aber schaut noch hinter die Sterne – jedenfalls seinen Möglichkeiten nach. Deshalb ist für einen Menschen nichts natürlicher, weil seinem Wesen entsprechend, als daß er danach fragt, „was die Welt im Innersten zusammenhält" (Goethe). Wie merkwürdig also, daß sich so viele Menschen zieren und genieren, wenn von „Gott" die Rede ist.

Kann es sein, daß der Grund für diese Scheu im Mangel an Kenntnis des eigenen tiefen Lebens liegt? Nachdenklich macht mich nämlich, daß viele, die über „Gott" nicht reden mögen, auch über sich selbst nicht sprechen mögen. Sie fragen auch kaum nach ihrer eigenen inneren Welt – und erfahren deshalb nicht, wie tief und weit und faszinierend sie ist.

Selbst-Erfahrung aber ist Gottes-Erfahrung. Erfahre ich mich selbst in der Tiefe meines Seins, dann erfahre ich nicht nur die Großartigkeit meines eigenen menschlichen Lebens, sondern des Lebens überhaupt. Dann aber gewinnt auch meine Offenheit für „Gott" eine ganz andere Qualität.

Eine Liebhaberei

Tust du in jeder Woche etwas, was nichts mit Leistung, nur mit Vergnügen zu tun hat? Etwas, was für dich eine Liebhaberei bedeutet?
Was ist denn eine Liebhaberei?
Du bist im Geschäft. Es ist Donnerstag. Dein Dienst dauert noch eine Stunde. Du kannst es jedoch kaum noch erwarten, bis du endlich das tun kannst, worauf du dich seit heute morgen freust. Mit dem Glockenschlag „Fünf" verläßt du den Raum. Du vergißt sogar, dem Chef Adieu zu sagen. Wenn du am Donnerstag so bist, dann hast du eine Liebhaberei.
Du weißt nicht, was das für dich sein könnte?
Hast du danach gesucht?
Du hast für „solche Dinge" keine Zeit?
Du nimmst dir nicht Zeit für etwas, worauf du dich unbändig freuen könntest?
Wenn das so ist, dann wundere dich nicht, wenn deine Tage so verlaufen, daß du sie beklagst.

Sinn und Glück

Die Suche nach Sinn bezieht sich auf alle Bereiche des Lebens, auf die dunklen ebenso wie auf die hellen. Die Suche nach Glück konzentriert sich nur auf die hellen. Es kann daher sein, daß der, der nur das Glück sucht, sein eigenes Leben halbiert.

Februar

Das stärkste Motiv im Menschen

Nichts bewegt mich im Grunde mehr, nichts zieht mich mehr nach vorn, nichts fordert mich und jeden anderen Menschen mehr heraus als der Wunsch, sinn-voll zu leben. Deshalb ist auch keine Frage wichtiger als die, ob ich mir diesen inneren Wunsch ausreichend erfülle.
Die Verwirklichung dieses Wunsches bestimmt mein ganzes Leben, nicht nur mein Gemüt. Mein ganzes Leben! Und wird er nicht erfüllt, dann kann es sein, daß ich an meinem Mangel an Sinn sogar erkranke. Dieser Wunsch verstummt nie, auch und gerade dann nicht, wenn ich mit meinem Leben in der Krise bin. Dann ist auch nichts wichtiger als dieses: Antwort darauf zu finden, was meine Seele braucht, um wieder Sinn fühlen zu können.
Der Wunsch nach Verwirklichung von Sinn ist der stärkste aller Wünsche. Ich kann ihn überhören, ich kann mich ihm verweigern, auslöschen aber kann ich ihn nie.

Seine eigenen Grenzen kennen

Einmal wird der Tag kommen, an dem du eine neue Freiheit genießen wirst. Das ist der Tag, an dem du begreifen wirst, daß das, was du dir immer abverlangt hast, einfach nicht geht. Du hast dich gedreht und gewendet, du hast geübt, du hast in deiner Seelentiefe geforscht, du hast gegen dich gewütet aus Verzweiflung über diese Grenze. Alles war umsonst.
Du bist so. Diese Grenze ist dein ureigenes Problem. Du wirst es nicht los. Es bleibt dir treu.
Lach doch hin und wieder darüber. Warte manchmal darauf – wie ein Kind, das dem Vater einen Stolperfaden über den Flur gespannt hat –, wann du wohl wieder hinfällig wirst. Und nimm dich auch ernst – als Mensch, zu dem es nun mal gehört, daß er den Wettlauf mit den Göttern jedesmal neu verliert.

Problemverschiebung

Wenn ich meine eigenen Probleme auf andere schiebe, dann …
… belaste ich andere
… bin ich nicht mit mir eins
… bin ich gespalten
… kann ich mich nicht lieben
… kann ich auch andere nicht lieben
… weiche ich aus
… zieht sich das Leben in mir zurück
… begünstige ich seelische Störungen
… bin ich nicht offen
… bin ich nicht frei
… bin ich nicht verantwortlich
… bin ich nicht gemeinschaftsfördernd
… bin ich von anderen getrennt
… trennen sich andere von mir
… verliere ich die Achtung der anderen
… verliere ich die Achtung vor mir selbst
… vertieft sich in mir die Angst
… vertieft sich die Angst der anderen vor mir
… weitet sich die Angst in mir aus
… drängt mich die Angst, meine eigenen Probleme wieder von mir auf andere zu schieben.

An Menschen glauben

„Sieh da", sagte das Einhorn, als Alice es im Wunderland erblickte, „ich habe geglaubt, Kinder wären aus der Phantasie entsprungene Ungeheuer!"
„Sieh da", sagte auch Alice, als sie das Einhorn erblickte, „*ich* habe geglaubt, *Einhörner* wären aus der Phantasie entsprungene Ungeheuer!"
Beide schwiegen, und beide staunten, während sie den anderen in dessen Wirklichkeit betrachteten.
Dann fand das Mädchen den nicht nur für Kinder und Einhörner herrlichen Satz: „Wenn du an mich glauben willst, dann bin ich bereit, auch an dich zu glauben. Ist das nicht eine für alle beide annehmbare Lösung?"
Kann man an Menschen glauben?
An das Faszinierende, Liebenswerte, an das Gute, Heitere in ihnen? An jene Wirklichkeit im Menschen, nach der wir uns alle sehnen und die doch wenig genug zum Vor-Schein kommt?
Man kann, man wird sie auch erfahren – allerdings nur unter der Voraussetzung, daß wir das Abenteuer des Glaubens an Menschen nicht ständig zersetzen lassen von Erinnerungen an bittere Erfahrungen. Menschen öffnen sich, schließen sich auf, zeigen sich von ihren besten Seiten, wenn wir selbst uns öffnen, aufschließen, uns zeigen. Es kommt nur darauf an, daß wir nicht auf den ersten Schritt des anderen warten.

Leid-Gedanken

Es gibt Leitgedanken, die zu Leid-Gedanken werden. Vielleicht leiten sie uns schon seit unserer Jugend, vielleicht auch erst seit kurzem. Es kann sein, daß andere sie uns eingepflanzt haben, es kann auch sein, daß sie kranke Gewächse unserer eigenen Lebensphilosophie sind.
Es ist wichtig, diese Gedanken zu kennen, weil gerade sie uns dorthin führen, wohin wir nicht wollen. Da sie jedoch sehr widerspenstig sind, wenn sie sich erst einmal in die Seele eingewebt haben, ist es auch wichtig, sie zu notieren und sich manchmal vor Augen zu führen, damit sie rascher erkennbar sind, wenn sie ihre düstere Arbeit aufnehmen. Einige Klassiker dieser Art von Gedanken sind:
Auf Menschen ist kein Verlaß.
Männer wollen nur das Eine.
Vor Frauen mußt du dich in acht nehmen.
Das wird nicht gutgehen.
Ich glaube nicht, daß ich das kann.
Ich bin nun mal ein Pechvogel.
„Dazu" bin ich bestimmt nicht geeignet.
„Das" werde ich nie verwinden.
Ohne sie/ihn kann ich nicht leben.
Wenn ich „das" nicht erreiche, fehlt mir das Eigentliche.
Ich werde bestimmt nicht mehr gesund.

Schicksal und Schuld

Vieles, was wir nicht wollen, tun wir – und vieles, was wir wollen, verhindern wir selbst.

Vieles, was wir als Schicksal beklagen möchten, hätten wir als Schuld zu beweinen. Das gilt für uns ganz persönlich, das gilt auch für das Land, in dem wir leben.

In Feuer und Flammen

Dann und wann in deinem Leben mußt du einfach in Feuer und Flammen stehen, mußt du brennen vor Lust am Leben!
Du hast keinen Grund dazu?
Weißt du so wenig von dem, was Lust am Leben ist?
Ich denke nicht an das, was du hast, auch nicht an das, was du bist.
Ich denke überhaupt nicht an dich.
Ich denke an das Leben: an die funkelnden Sterne und die schäumenden Wolken, an die duftende Erde und den grün-nassen Baum, an die Schönheit von Häusern und prachtvolle Straßen, an kapitulierende Wissenschaftler und selbstbewußte Verkäufer, an originelle Gesichter und das Strahlen Behinderter, an heitere Kranke und vor Glück heulende Männer, an sich schämende Politiker und betende „Atheisten", an tanzende Alte und ernsthafte Junge, an das Lichtermeer zugunsten der „Fremden" und alle Proteste für ein menschliches Leben, an … an …
Ich denke an das Leben!
Verstehst du?
An dieses verdammt geliebte Leben!

Nur eine Bedingung

Wenn zwei, die zusammenleben, sich mögen oder lieben, dann brauchen sie letztlich nur eines, um miteinander glücklich zu sein – und zu bleiben:
die gelebte Bereitschaft, bei Konflikten immer wieder neu

sich selbst
sich selbst
sich selbst

nach den *eigenen* Anteilen an dem Konflikt zu fragen und daraus Konsequenzen zu ziehen.

Menschliche Stärke

Ein Mensch wächst in dem Maße über sich hinaus, in dem er in sich hineinwächst. Das heißt konkret: In dem Maße, in dem er denkt, sagt und tut, was ihm entspricht, ist er stark, setzt er sich durch, wird er geachtet, achtet er sich selbst, gewinnt er Freiheit, kann er lieben (denn die Freiheit ist die Mutter der Liebe).

Niemand ist schwächer als der fremdbestimmte, außengesteuerte Mensch – und sei er nach außen hin noch so erfolgreich. In dem Maße, in dem er sich selbst und seine innersten Strebungen verleugnet, verhindert er, daß sich die Türen öffnen zu jenen Kammern in ihm, in denen die Kräfte lagern, die stärker sind als alle äußeren Mächte.

Voraus-Setzung

Ich habe diesen Satz zu verstehen begonnen:
„Der Adler kann nicht vom flachen Boden wegfliegen; er muß mühselig auf einen Fels oder Baumstrunk hüpfen: Von dort aber schwingt er sich auf zu den Sternen.“

Selbstbehauptung

Da nun einmal diese Welt dem Paradies relativ unähnlich ist, brauchen wir, die wir in ihr leben, die Kraft der Selbstbehauptung. Diese Kraft ist fast allen Menschen von Natur aus gegeben, und niemand soll sie geringschätzen. Wichtig ist aber auch, daß wir sie nicht barbarisieren und so tun, als gäbe es nichts Wichtigeres als sie.

Wer sich zuwenig selbst behauptet, fühlt sich für sich selbst offenbar wenig verantwortlich. Wer so fühlt, fühlt nicht genug, was er seiner Persönlichkeit in Wirklichkeit schuldig ist. Wer so fühlt, kennt sich wenig.

Wer sich selbst jedoch so stark behauptet, daß Menschen sich in seiner Nähe klein zu fühlen beginnen, hat wenig Phantasie für den Wert des Menschen überhaupt.

Selbstbehauptung ist eine Gabe, die wir, wie alle menschlichen Gaben, pervertieren können. Gedacht ist sie als Möglichkeit, unserer persönlichen Freiheit Raum zu schaffen, und das, denke ich, genügt.

Eine wirklich wichtige Aufgabe

Es gibt nur eine wirklich wichtige Aufgabe: *in* das Leben sehen zu lernen.
Wer *in* das Leben sieht, sieht nicht auf dessen Ober-Fläche.
Wer *in* das Leben sieht, sieht auf den *Grund* des Lebens. Wer auf den Grund sieht, erkennt, daß und auf welche Weise sein Leben getragen wird.
Wer *in* das Leben sieht, hört auch auf, nach dem Wert oder Unwert seiner selbst zu sehen, weil er sich als ein vom Leben Getragener wert fühlt.
In das Leben sieht, wer in sich selbst hineinsieht. Die Stille ist der Ort, an dem er sehen und hören zu lernen beginnt.

Hin-Sehen

Du meinst, du könntest im Leben nur noch wenig Lebenswertes finden. Das wird zutreffen, wenn du es sagst. Die Frage ist nur, ob du das Lebenswerte noch suchst.
Wenn du durch eine Landschaft wanderst, kann es sein, daß deine Augen nichts anderes sehen als das eine, sich nicht verändernde Bild. Du nennst die Landschaft öde. Wenn du dann jedoch durch dein Fernglas siehst und es am Horizont entlanggleiten läßt, kann es sein, daß du überrascht bist:
Dort hinten am Waldrand siehst du drei Rehe äsen, weiter links erkennst du den alten Schafstall, den du seit einer Stunde vergeblich gesucht hast, ein Stückchen weiter vorn erblickst du eine wunderschön geschwungene Brücke. Stell dir das vor:
All das, was dich jetzt ganz aufgeregt und deine Schritte beschwingt werden läßt, war vor fünf Minuten auch schon da …

Suchende Augen

Mit welchen Augen siehst du ins Leben?

Mit den Augen dessen,
der nach Recht sucht oder der Bedürftigkeit anderer –
der nach Erfolg sucht oder nach der blauen Blume –
der nach Glück sucht, nach Macht oder Frieden?

Deine Augen suchen nur einseitig?
Sie suchen nur das Eine, nicht das Ganze?

Grausame Hilfe

Bissig hat einmal Arno Plack formuliert: „Noch ein paar gute Taten, gegen unseren Willen an uns vollbracht, und wir sind erledigt."
Zuwendung und Hilfe kann für den anderen zur Geißel werden, vor allem dann, wenn erkennbar ist, daß der Schenkende nur sich, nur sich im Blick hat und damit den Beschenkten zu seinem Opfer macht.

Schau in den Spiegel

Schau in den Spiegel und studier dein Gesicht. Frag nicht, ob du es häßlich findest oder schön. Frag danach, was es ausdrückt. Und versuch zu begreifen, daß dieses Gesicht dir gehört.
Vielleicht siehst du Trauer darin oder Verbitterung oder Ängstlichkeit oder Einsamkeit – oder etwas anderes, was darauf schließen läßt, daß unter diesem Gesicht gelitten wird.
Wenn du das siehst, dann wünsche ich dir Mitgefühl mit dem, der dich jetzt anschaut.
Denn aus Mitgefühl kann sich das Gefühl entwikkeln, von dem so viele reden und das so wenige begreifen: das Gefühl der Verantwortung für die eigene Person.

Dann solltest du gar nicht erst anfangen

Wenn du dein Leben verändern willst und dieses Vorhaben mit den Sätzen beginnst:

Ich muß irgendwie sehen …
Ich sollte mal versuchen …
Ich kann es ja probieren …
Eigentlich wollte ich ja schon immer mal …
Wenn ich es recht bedenke, dann …
Wenn es denn sein muß …
Ich glaube zwar nicht, daß ich es schaffen werde, aber …
Na gut, dann tue ich es eben …
Wenn man es von mir erwartet …
Mir bleibt ja nichts anderes übrig …
Ich habe ja keine andere Wahl …
Meine Hoffnung ist zwar gering, aber …

Wenn du dein Vorhaben, dein Leben verändern zu wollen, mit einem dieser Sätze beginnst, dann solltest du lieber gar nicht erst anfangen.

Von anderen nicht gemocht werden?

Die Menschen mögen dich nicht, sagst du. Wo du auch bist, was du auch tust – du spürst, daß sie, wie du sagst, etwas gegen dich haben.
Was sind denn das für Menschen, die von anderen gemocht werden? Es sind ganz häufig solche, die andere Menschen mögen und sich für sie interessieren. Menschen, die Menschen mögen, werden von anderen gemocht.
Kann es sein, daß *du* eine ganze Reihe von Menschen nicht magst? Kann es sein, daß nicht die anderen dich ablehnen, daß vielmehr *du* sie ablehnst? Daß *du* es bist, der in ihnen gerade das anspricht, was dich *selber* zur Verzweiflung bringt?
Es ist zwar gut zu wissen, warum du andere nicht magst. Wichtiger jedoch ist zu erkennen, *daß* es so ist. Schon diese Einsicht hilft dir weiter. Wenn dir aufgeht, daß du ja selbst die anderen ablehnst, wirst du dich auch weniger darüber wundern, daß sie auch dich nicht mögen.
Nur – ob deine aggressiven Gefühle dir aus dem Herzen kommen?
Oder sind sie nur sehnsüchtig-wütende Schreie deiner Seele danach, auch gemocht oder gar geliebt zu werden? Vielleicht solltest du doch einmal danach fragen, woher deine Aggressionen kommen.

Manche Wünsche sind heute zu groß

Vielleicht kommt so mancher Mensch nicht zu einer Freundschaft, weil er nur nach dem *besten* Freunde sucht.
Vielleicht kommt so mancher Mensch nicht dazu, etwas Befriedigendes zu tun, weil er nur nach seiner *Lebensaufgabe* fahndet.

Es gibt Zeiten, in denen unsere großen Wünsche und Fragen nicht erfüllt oder beantwortet werden, auch wenn wir uns noch so bemühen. Dann besteht die Lebenskunst darin, das aus der Gegenwart herauszufinden, was sie an Möglichkeiten bietet – und *darin* das volle Leben zu sehen.

Der Feind des Menschen

Die Weisheit der Völker weiß von einer besonderen Lebenshilfe. In unzähligen Schriften hat sie dieses Thema zur Sprache gebracht. Kaum eine Weisheit ist jedoch so oft – verständlicherweise – überhört worden wie diese. Sie besagt: Je mehr ein Mensch um sein eigenes Ich kreist, desto lebensunfähiger und unglücklicher ist er. (Jeder, der mit seelisch kranken Menschen zu tun hat, wird diesen Satz bestätigen.)
Je mehr wir darüber klagen, was wir nicht haben, uns über das ärgern, was nicht so ist, wie wir es wünschen, je mehr wir fordern, daß auch wir erhalten, was andere haben, je mehr wir das Leben um uns herum aus dem Blick verlieren, desto weiter entfernen wir uns von dem, was wir im Grunde sind, möchten und in Wirklichkeit auch leben könnten: Menschen mit der Fähigkeit, im konkreten Leben glücklich zu sein, auch wenn die Umstände irdisch und also unvollkommen sind.
Nichts macht uns andererseits gelöster, gelassener, nichts bringt unsere besten Seiten mehr zum Vor-Schein als das gelingende Bemühen darum, das Ego-Zentrische nicht ständig zum Zuge kommen zu lassen. Wer von ihm freier wird, denkt weniger einseitig. Wer weniger einseitig denkt, fühlt mehr sein Herz. Wer mehr sein Herz fühlt, erfährt mehr von sich selbst. Wer mehr sich selbst erfährt, kommt sich selbst näher, erkennt mehr, wer er eigentlich ist und sein kann.

Der Mensch, den du nicht magst

Der Mensch, den du nicht magst, vielleicht auch haßt, ist anders, als du denkst. Er ist bestimmt nicht so, wie du ihn dir vorstellst. Denn weil du ihn ablehnst, suchst du nicht nach dem, was er *auch* ist.
Und schon gar nicht erkennst du sein Wesen. Denn das Wesen eines Menschen erkennst du, wenn überhaupt, nur dann, wenn du dich ihm öffnest und dich ihm zuwendest. Deine Gegner oder Feinde jedenfalls, denen du neue, stechende Namen gibst, würden sich selbst vermutlich nicht wiedererkennen, wenn sie jene Bilder sähen, die deine Seele von ihnen entworfen hat.

Ganz bei den Dingen sein

Kaum etwas fällt uns schwerer, als ganz bei dem zu sein, was wir gerade tun, vor allem dann, wenn es sich um ungeliebte Tätigkeiten handelt. Und doch gibt es nichts, was uns mehr mit uns in Einklang bringen könnte als dieses.

Es gibt für diese Schwierigkeit mehrere Gründe. Einer liegt darin, daß wir unserem Geist zuwenig Zeit geben, sich entfalten zu können.

Menschlicher Geist ist ja keineswegs nur Verstand, sondern auch Vernunft, Phantasie, Intuition. Doch diese menschlichen Eigenschaften gehorchen nicht einfach unserem Willen und passen sich auch nicht unserer „schnellebigen" Zeit an. Sie brauchen *ihre* Zeit, um sich zu entwickeln. Wenn sie jedoch zum Vorschein gekommen sind und wir mit ihnen Berührung haben, dann helfen sie uns, uns ganz auf das einzulassen, was wir gerade vorfinden. Dann verlokken sie uns dazu, aus dem vorgefundenen Leben eine Kostbarkeit zu machen. Dann sind wir mit uns eins.

Nicht rasch urteilen

Man dürfe nicht über einen urteilen, bevor man nicht einen halben Mond lang in seinen Mokassins gegangen sei, sagt eine indianische Weisheit.
Ich träume davon, wie es wäre, wenn ich nicht mehr so rasch über andere urteilte, wenn andere über mich nicht so rasch urteilten, wenn wir uns gegenseitig nicht so rasch beurteilten – wenn wir uns mehr als bisher *sein* ließen. Ich träume davon, wir machten uns auf Störungen aufmerksam und verletzten uns trotzdem so wenig wie möglich. Dann wäre Menschlichkeit mehr als ein Wort.
Wenn du demnächst mit Freunden – oder solchen, die es werden könnten – einen Abend verbringst, dann träumt doch einmal miteinander diesen Traum. Ihr würdet erfahren, daß niemand sich dieser Vision entziehen könnte. Und vielleicht fändet ihr miteinander den lang ersehnten neuen Anfang.

Abhängig sein

Die Abhängigkeit hat viele Gesichter, aber nur ein Wesen. Es gibt kaum etwas, von dem wir nicht abhängig werden könnten, doch sind die Quellen die gleichen. Man kann von Drogen, Alkohol und Nikotin abhängig sein, von Glücksautomaten, vom Essen und vom Fernsehen. Man kann nach einem Menschen süchtig sein (Sucht und Abhängigkeit sind meinem Verständnis nach das gleiche), nach Arbeit und Erfolg. Man kann nach allem süchtig sein, was Gefühle verändert, scheinbar vertieft, Gewinn zu versprechen scheint, Mißgefühle überspielt, Kraft suggeriert, Glück oder Erfolg verspricht. Suchtmittel ziehen an, sind oft lange Zeit attraktiv, sind wie Magneten. Wer sich auf sie einläßt, braucht sich nicht selbst anzutreiben, er wird mit Macht gezogen. In einer Zeit, in der viel von Antriebsarmut die Rede ist, haben sie deshalb Hochkonjunktur.
Und sie verändern in der Tat – zunächst einmal – die menschliche Seele, weil sie beruhigen, faszinieren, Schweres überdecken, Leichtes leichter zugänglich machen, weil sie Gefühle verändern. Und gerade das ist es, was zum Wesen des Menschen gehört: der Wunsch, auch anders zu sein und zu werden.
Der Preis jedoch für Veränderungen durch Sucht-Mittel ist hoch, viel zu hoch. Er entspricht nicht dem, was der Mensch ist: ein mit Freiheit begabtes Wesen, das seinen Wunsch nach Veränderung *selbst* verwirklichen könnte.

Zehn Leitsätze für den Weg aus der Abhängigkeit

1. Wer süchtig und also abhängig ist, wird sich nicht mehr vormachen dürfen, daß er es nicht oder noch nicht ist.
2. Wer sich von seinem alten Leben verabschiedet, wird eher frei werden für neue Erfahrungen.
3. Wer das Ziel hat, frei zu werden, kann es sich nicht anschaulich genug vorstellen. Er muß Wünsche und Ziele zu Magneten machen.
4. Wer abhängig ist, sollte wissen, welche Lebenshaltung, Einstellungen und Verhaltensweisen ihn daran hindern, frei zu sein.
5. Nur wer mit seiner inneren Welt vertraut wird, gewinnt Selbstvertrauen.
6. Wer nur noch wenig Hoffnung auf Befreiung aus der Abhängigkeit hat, muß sein Gefühl der Hoffnungslosigkeit so tief wie möglich „studieren".
7. Es ist wichtig, als Abhängiger nicht vor der Frage auszuweichen, ob er nur *Opfer* seiner Sucht ist.
8. Kein Mensch kann Leben bejahen, für den Sucht die Hauptsache im Leben ist.
9. Unsere Begrenztheiten hindern uns nicht daran, frei zu leben. Daß wir innerhalb unserer Grenzen Freiheit nicht leben, macht uns zu Abhängigen. Freiheit ist kein Trieb …
10. Der Wert des Lebens eines Menschen hängt nicht davon ab, *wann* er, sondern *daß* er zum Leben kommt.

Sich selbst bewahren

Du mußt nicht immer verstehen, warum sich ein anderer dir gegenüber eine Frechheit erlaubt. Es genügt manchmal, daß du dich selbst verstehst, darin nämlich, daß du dich hin und wieder schützen mußt gegen Beleidigungen, die nicht nur deine Oberfläche treffen.
Es gibt Beleidigungen, die dir deine Seele verletzen können, wenn du dir nicht so rasch wie möglich den Dorn, der in dich eingedrungen ist, wieder herausziehst. Das aber geht manchmal nur so, daß du dich zur Wehr setzt, dir den berühmten Kragen platzen läßt und deinen eigenen aggressiven Dorn in Gebrauch nimmst. Das ist zwar nicht fein, doch dann und wann notwendig.
Und wenn dann der andere erst recht böse wird? Du solltest manche Verletzungen mehr fürchten als die Wut deines taktlosen Kontrahenten.
Und wenn die Gegenwehr Folgen hat, die über den gegenwärtigen Streit hinausgehen?
Es gibt Situationen, in denen es lediglich darauf ankommt, die eigene Würde zu bewahren.
Und im übrigen: So mancher Frechling wird zum Lamm, wenn du ihm zeigst, daß du deine Grenzen verteidigst wie deinen besten Freund.

Es ist besser zu hoffen

Es ist besser,
zu hoffen und dann zu scheitern,
als gar nicht gehofft zu haben.

Wer nicht die Hoffnung wagt,
gleicht dem,
der seine Kräfte noch spürt,
sie aber nicht mehr gebraucht,
der den Ruf des Retters noch hört,
ihm aber nicht mehr antwortet.

Auf diese Lebens-Möglichkeiten
willst du verzichten,
nur weil dein Leben
möglicherweise
auch anders verlaufen könnte?

März

Der Beginn des Handelns

Der Beginn unseres Handelns ist nicht die Idee,
sondern das Gefühl,
daß ich für das, was ich tun will,
selbst verantwortlich bin.

Das Gefühl jedoch,
für etwas Bestimmtes verantwortlich zu sein,
entwickelt sich in dem Maße,
in dem ich mir die Idee veranschauliche
und meinem Herzen nahekommen lasse.

Selbstbestimmung

Selbstbestimmung ist ein Zauberwort unserer Zeit. Und das ist gut so.

Selbstbestimmung bedeutet, daß ich meine Stimmung, mein inneres Bestimmtsein selbst bestimme – so oder so. Selbstbestimmung bedeutet also, daß ich das, was ich bin, selbst verantworte und niemand außer mir für mein Wohl und Wehe verantwortlich ist.
Selbstbestimmung bedeutet daher, daß es an mir liegt, ob mein Leben gelingt oder nicht.

Wer fühlt, was Selbstbestimmung ist, der weiß, wie tief und hoch und weit der Raum der Freiheit ist, der uns zugemutet wird.

Von Sprache beeinflußt werden

„Du wirst sehen, daß ich das nicht schaffe."
„Daran glaube ich nicht mehr."
„Der wird mich auch nicht mögen."
Wie wirken diese Sätze auf dich?

„Und ich sage dir: Das schaffe ich doch."
„Dieses Mal wird's nicht schiefgehen."
„Vielleicht gefalle ich ihm."
Und diese Sätze – wie wirken die auf dich?

Unsere Sprache ist gespickt mit Sätzen, die unsere Seele aufhellen oder eindunkeln.
Gedanken sind Kräfte. Und wenn sie zur Sprache kommen, verdichten sich diese Kräfte. Denn Sprache ist Ausdruck unserer Beziehung zu uns und allem Leben.
Es lohnt sich, die hoffnungslosen Sätze einmal aufzuschreiben.
Wer das tut, wird sie aufmerksamer als bisher zur Kenntnis nehmen und sich weniger von ihnen sabotieren lassen.

Unerkannte Gedanken und Kräfte

So manches Mal, wenn ein Mensch zu rasch sagt: „Das verstehe ich nicht" oder „Das kann ich nicht", schauen sich die inneren Kräfte verwundert an und sagen zueinander: „Trifft es tatsächlich zu, daß der Mensch, für den wir da sind, uns nicht zur Kenntnis nehmen will?" Dann schütteln sie die Köpfe und ziehen sich in sich zurück.

Von manchen Gedanken und Kräften weiß man auch, daß sie in den langen Warteräumen zum Leben eingeschlafen sind und erst wieder geweckt werden müssen.

Bedauernswert?

Manchmal bin ich mir gar nicht so sicher, wer bedauernswerter ist: ein Mensch mit einer seelischen Störung (Neurose) oder jemand, der keine Neurose hat und trotzdem selbstentfremdet und gleichgültig dahinlebt.
Wer seelisch gestört wird (!), wird von seiner Seele unerbittlich dazu herausgefordert, sich auf *sie* zu besinnen und sich zu fragen, ob das, was er lebt, das ist, was seinem *Wesen* entspricht. Und diese Herausforderung ergeht an ihn, bis er sich besonnen hat.
Seelische Störungen sind deshalb – in aller Regel und sofern sie nicht körperlich verursacht sind – zwar sehr unangenehme, aber letztlich freundliche Gegner des Menschen.
Im übrigen: Neurotiker gibt es nicht. Es gibt nur Menschen, die eine Neurose *haben.* Denn jeder Mensch ist immer „mehr" als sein Problem.

Das Gute, das ich will

Weshalb tun wir so häufig nicht das, was unserer Überzeugung nach gut für uns wäre?
Wir lesen ein Buch, finden einen Satz darin, der uns begeistert. Wir unterstreichen ihn dick, versehen ihn noch mit einem Ausrufezeichen. Wir erzählen Freunden mit leuchtenden Augen von unserer neuen Erkenntnis, versprechen uns und ihnen, diese ganz entscheidende Einsicht fortan zu beherzigen, z. B. uns morgens Zeit zur Besinnung auf den vor uns liegenden Tag zu nehmen. Doch schon bald verliert die Idee ihren Glanz, und die Hoffnung auf Veränderung zieht sich hinter ihre alte Grenze zurück. Es gibt mehrere Antworten auf diese wichtige Frage. Eine, dessen bin ich sicher, ist folgende:
Was wir von ganzem Herzen wollen, gelingt uns häufig. Wenn aber das Herz nicht ausgefüllt ist von dem einen, als wesentlich erkannten Wunsch, entwickeln wir nicht die benötigte Kraft, um uns gegen Gewohnheiten und Hemmungen, Verzagtheit und Müdigkeit etc. durchsetzen zu können.
Der Weg von einer oberflächlich erworbenen Erkenntnis zu jenem „Ort“ in uns, der für die Ausführung unserer Vorhaben zuständig ist, ist zwar weit, aber erreichbar, für den jedenfalls, der sich in Gedanken, Gefühlen und Bildern ein-lebt in das von ihm erwünschte andere Leben.

Sich herausreden

Wenn Menschen etwas falsch gemacht haben, „reden sie sich heraus“, immer wieder – und immer wieder zu ihrem eigenen Nachteil.
Reden sie sich wirklich nur aus ihren Fehlern heraus?
Nicht auch aus ihrer Seele?

Die eine Schwäche

Kennst du sie?
Nicht von deinem tiefsten Problem spreche ich, sondern von der einen *Schwäche,* die dich mehr beschäftigt als dir guttut, von jener, auf die deine Freunde dich hoffentlich aufmerksam machen.
Erst wenn sie dir vertraut ist, wirst du auch wissen, daß sie so harmlos nicht ist. Sie wirkt sich nämlich auf jeden deiner Tage aus. Laß doch die folgenden Sätze einmal auf dich wirken:

Vielleicht bist du empfindlich, vielleicht bist du ein Schmeichler.
Bist du zu eitel?
Manche neigen zu tragischem Gebaren, andere zu Geiz.
Ob du dich feige oder waghalsig nennen könntest?
Andere leiden unter ihrem ständigen Planen, die nächsten darunter, daß sie leicht rachsüchtig sind.
Es gibt auch Menschen, deren Schwäche in ihrer Bequemlichkeit liegt.

Du könntest aus deiner Schwäche so manche Stärke machen.

Sich selbst vertrauen lernen

Wenn du lernen willst, dir selbst zu vertrauen, dann …
… schau dir an, wie du dich selbst ablehnst!
… sieh dir an, wie *du* dich durch die Tage gehen läßt!
… empör dich gegen die Mißachtung deines eigenen Lebens!
… raff dich zu dem Eingeständnis auf, daß du dich selbst zuwenig ernst nimmst!
… frag dich nach deinem Selbstmitleid!
… laß die Schmerzen darüber zu, daß du es bist, der dir nicht vertraut!
… frag danach, worin du dir selbst nicht treu bist!
… frag auch danach, worin du dir treu bist!

Wenn du lernen willst, dir selbst zu vertrauen, dann …
… fang heute an, dir selbst und anderen sowenig wie möglich auszuweichen!
… weich auch nicht deinen Träumen aus, und sieh dir in deinen Träumen den Reichtum deines inneren Lebens an!
… entscheide dich dafür, das Gute in dir zu suchen!
… entscheide dich auch dafür, das Gute im Leben zu suchen!
… entscheide dich dafür, dieser Entscheidung nicht mehr auszuweichen,
und sieh dir noch einmal an, wie du dich selbst jetzt behandelst!

Die Angst ist eine Gauklerin

Manchmal sehen wir Bilder, deren Maler nicht die Realität ist, sondern unsere eigene Angst. Wenn die Angst die Bilder malt, verengt sich unser Blick (Angst = Enge). Dann übertragen wir unsere angst-vollen Vorstellungen auf das, was in der Realität ganz anders ist und anders aussieht. Dann sehen wir weniger auf die Bilder selbst, wir „sehen" mehr auf unsere Angst.

Was sich dagegen tun läßt?
Hinsehen, hinsehen, hinsehen!

Offenheit?

Von Offenheit ist viel die Rede. Häufig versteht man darunter ein offenes Aussprechen vieler persönlicher Dinge. Einem Therapeuten, Seelsorger oder vertrauten Menschen gegenüber ist sie in aller Regel angebracht. Sie hat aber ihre Grenze.
Menschen gehen, im Gegensatz zu allen anderen Lebewesen, in Kleidung. Diese uralte Art des Verhülltseins ist ein Symbol dafür, daß auch die Seele nicht ohne ein gewisses Maß an Bedecktsein auskommen kann.
Einen Menschen bloßzustellen, hat Dietrich Bonhoeffer einmal gesagt, sei zynisch. Heißt das nicht auch, daß jemand, der sich allzuweit öffnet, sich selbst verletzen kann?
Besonders Menschen in seelischer Not neigen verständlicherweise dazu, sich anderen offen mitzuteilen, leider auch solchen, die sich an ihrem Schicksal innerlich nur wenig beteiligen. Manche Frau, die sich in ihrem Trennungsschmerz der „Freundin" anvertraute, mancher neurotisch erkrankte Mann, der seinem Kollegen gegenüber von seinen Ängsten sprach, hat sich auf diese Weise noch tiefer in Schwierigkeiten gebracht.
Wer sich enthüllt, wo er nicht geschützt ist, kann erkalten. Wer verhüllt bleibt, wo ihm nicht warm ist, bewahrt sich die Wärme, die ihm verblieben ist.

Streß

Man kann sich nur wundern, wie rasch unser gesamter Organismus auf Streß reagiert, auf positive Belastungen ebenso wie auf negative.
Alles in uns klagt, ärgert sich, beschwert sich und stöhnt, wenn wir uns dem Disstreß ausliefern.

Das Gehirn meldet sich: „Alles steigt mir zu Kopf."
Das Auge wehrt sich: „Das kann ich nicht mehr mit ansehen."
Die Blutgefäße mahnen: „Das Blut gefriert mir in den Adern."
Die Lunge ahnt: „Etwas schnürt mir die Kehle zu."
Das Herz befürchtet: „Ich glaube, ich kriege einen Schlag."
Der Magen warnt: „Ich ärgere mir ein Loch in den Bauch." Den Nieren geht „alles" an die Substanz.

Die Bauchspeicheldrüse, der Darm, die Blase, die Muskulatur und ..., sie alle stimmen ein in den Chor der überforderten inneren Organe, um deren Gesundheit der Mensch sonst merkwürdigerweise so besorgt ist.
Man kann dem Chor Beachtung schenken, man kann ihn unbeachtet lassen. So oder so – der Streß verändert unser Leben, den Körper und die Seele.

Von ungefühlter Not

Wenn du an einer Straße wohnst, über die fast ohne Unterbrechung Fahrzeuge rollen, wirst du den durch sie verursachten Lärm nur selten bemerken. Nur dann, wenn es ausnahmsweise für kurze Zeit still ist, spürst du, wie tief dich die ständigen unnatürlichen Geräusche beeinflussen. In dem Augenblick jedoch, in dem die Stille einkehrt, geht dein Atem tiefer. Doch kaum hast du begonnen, diese Veränderung zu genießen, schießt der Lärm wieder ein, und du empfindest um so mehr, worunter du leidest.
Es kann sein, daß du ohne Unterbrechung arbeitest und gar nicht bemerkst, wie stark der Streß ist, unter dem du lebst. Doch dann, wenn du nach Hause kommst und dich auf die Couch legst, geht dir auf, daß du nicht einfach müde bist vom Tage, daß dir vielmehr der Streß noch den Teil deiner Kraft genommen hat, den du gebraucht hättest, um den Abend genießen zu können.
Es kann auch sein, daß du über eine längere Lebenszeit dahinlebst ohne Freude, ohne Höhepunkte, daß ein Tag grau ist wie der andere und du das gar nicht weißt – bis du vielleicht die Menschen siehst, die sich vor Lachen ausschütten und kreischen vor Vergnügen. Dann geht dir auf, daß du nicht einmal weißt, wann du das letzte Mal außer dir warst vor Freude über dein eigenes Leben.
Schau einmal bei dir nach, was es ist, das dir dein Dasein trübt.

Abstand gewinnen

Manchmal stürmen so viele ungelöste Probleme auf dich ein, daß du dich eingesperrt fühlst wie in einem winzigen Raum. Du denkst hin und her, doch wo du auch endest: Klarheit stellt sich nicht ein.
Dann wird es Zeit, sich für eine Weile vom Denken zu verabschieden und Abstand zu allem zu gewinnen, was mit den Problemen und deren Lösungsversuchen zu tun hat. Es gibt mehrere Möglichkeiten, das erreichen zu können.
Eine davon – sie wirkt nur auf den läppisch, der sie noch nicht erfahren hat – ist die folgende kleine Symbolhandlung:
Nimm ein Lineal und schieb es – langsam, konzentriert über den Tisch. Schieb weg, was dich bedrängt, schieb es weit weg. Noch weiter, noch ein Stückchen weiter …

Schon während des Schreibens dieser Zeilen spüre ich die befreiende Wirkung dieses kleinen, sehr menschlichen Tricks.

Sich dem stellen, was ist

Es gibt Bedingungen für gelingendes Leben. Kenntnis davon haben wir aus der Weisheit der Völker, aus den Erfahrungen der Psychotherapie und nicht zuletzt aus der Anschauung solcher Menschen, die, vielleicht trotz mancher Nöte, gut und gern leben.
Zu den wesentlichen Bedingungen gehört, daß wir uns selber sowenig wie möglich vormachen und uns soweit wie möglich dem stellen, was ist. Das gilt für alle Bereiche unseres Lebens, für alle!
Je mehr wir verschleiern, verbergen, leugnen, verdrängen, was wir sind und was wir tun – je mehr wir die Augen vor dem verschließen, was in der inneren und äußeren Welt passiert, desto mehr verlieren wir Kraft zum Leben.
Auch wenn uns das, worum es geht, zunächst schmerzt, auch wenn das Hinsehen zunächst zu Turbulenzen führen kann, auch wenn „die anderen" sich ganz anders verhalten: Wer damit beginnt, geradliniger zu sein als bisher, wird rasch bemerken, daß seine Seele damit aufhört, sich selber schwer zu machen.

Einer von uns

Die Menschen standen, wie so oft, beieinander und sprachen mit großem Ernst über einen, der nicht bei ihnen war. Sie schienen ihn genau zu kennen, seine Fehler, sein Versagen, sein Schicksal. Sie engagierten sich sehr, um immer neue Worte dafür zu finden, warum er wohl nicht so sei wie sie selbst.
Da sagte einer, der bisher kein Wort gefunden hatte: „Wenn ich es recht bedenke, ist dieser Mensch uns doch sehr ähnlich. Kann das sein?“ „Das kann nicht sein“, antwortete nach einiger Zeit der, der die meisten Worte gefunden hatte, und fand noch eines dazu: „Wenn er so wäre wie wir, dann wäre er ja einer von uns. “
Da entfernte sich der Zweifelnde und wußte nicht so recht, über wen er trauriger sein sollte: über den, dessen Versagen so gut beschrieben werden konnte – oder über jene, die sein Versagen so gut beschreiben konnten.

Sich nicht so wichtig nehmen

Wer sich selbst nicht so wichtig nimmt, hat ein gutes Augenmaß für die Tatsache, daß der Mittelpunkt der Welt nicht dort ist, wo er sich gerade befindet. Er weiß, daß außer ihm auch andere Menschen wichtig sind, bewundernswert und liebenswert. Er nimmt andere so wichtig wie sich selbst und ist deshalb ein liebesfähiger Mensch. Wer sich selbst nicht so wichtig nimmt, kreist nicht permanent um das, was er nicht hat, und erlebt gerade dadurch mehr als jeder Wichtigtuer – sich *selbst.*

Er spart viel Energie, weil ja nichts anstrengender ist als die ständige Sorge um die Meinung der anderen. Er sieht auch eher, worauf es im Leben wirklich ankommt, und findet deshalb leichter zu den Orten, an denen Leben geboren wird.

Wie die Kinder werden

„Wenn ihr nicht werdet wie die Kinder …" Dieser berühmte Satz des Menschenkenners aus Nazareth meint weniger die viel zitierte Unschuld. Er meint etwas Fundamentales. Er ist eine programmatische Aussage über das Ziel menschlicher Persönlichkeitsentwicklung.
Ein Kind lebt noch „mitten im Herzen der Dinge" (Chr. Singer) und sieht deshalb mit dem Herzen so gut. Es sieht die Welt im Ganzen, teilt sie nicht ständig auf in Gut und Böse und nimmt deshalb auch zu allem Beziehung auf, bis es „gelernt" hat, „realistisch" zu sein.
Das Kind ist dem, was im Leben ur-sprünglich ist, noch viel näher als der Erwachsene und vollzieht seinen eigenen Ur-Sprung immer wieder neu. Es weint, es lacht und schämt sich weder des einen noch des anderen. Es fordert und verweigert und findet sich darin nicht problematisch. Es verströmt seine Liebe mit Haut und Haaren – und staunt nur darüber, wenn sich die Großen nicht mitreißen lassen.
Ich möchte sein wie ein Kind.

Was ich nicht glaube

Ich glaube nicht daran, daß diese Welt zufällig entstanden ist.
Ich glaube nicht daran, daß diese Welt zufällig aufhören wird.
Ich glaube nicht daran, daß das, was in der Zeit mit dieser Welt geschieht, sich zufällig ereignet.
Ich glaube nicht daran, daß diese Welt ohne innere Ordnung ist.
Ich glaube nicht daran, daß die Katastrophen dieser Welt letzten Endes stärker sein werden als die innere Ordnung dieser Welt.
Ich glaube nicht daran, daß Menschen diese Welt vernichten können.
Ich glaube nicht daran, daß die Menschheit diese Welt vernichten kann.
Ich glaube nicht daran, daß diese Welt stärker ist als das Leben.
Ich glaube nicht daran, daß der Tod stärker ist als das Leben.
Ich glaube nicht daran, daß „unter dem Schatten seiner Flügel“ diese Welt, so wie sie ist, nicht genügend Raum zum Leben hätte.

Was ich unbedingt will

Wenn uns ein bestimmter Name nicht einfällt, dann werden wir ihn mit an Sicherheit grenzender Wahrscheinlichkeit nicht finden, wenn wir uns unbedingt jetzt an ihn erinnern wollen. Das weiß ein jeder.
Es gibt viele Dinge im Leben, die wir uns nicht aneignen können, wenn wir sie unbedingt haben wollen – wenn also unser Wille zu willig ist: nicht die Liebe, nicht die Hoffnung, nicht die innere Freiheit, nicht bestimmte innere Bilder; bestimmte Gedanken nicht, bestimmte Gefühle nicht, bestimmte Verhaltensweisen nicht; bestimmte Handlungsweisen nicht; all die Dinge nicht, die wir die spezifisch menschlichen nennen.
Alles, was wir *unbedingt* wollen, bläht unser Ich auf. Wenn aber das Ich zu groß wird, verhindert es die Entfaltung unseres Selbst (dessen, was wir eigentlich sind und können).
Und das hat Folgen:
Werden wir *selbst* mit unseren besten Möglichkeiten in den Hintergrund gedrängt, dann werden auch jene Phänomene zurückgedrängt, auf die wir angewiesen sind, wenn Wichtiges gelingen soll: die Ahnungen und die Phantasie, die Sensibilität und die Leichtigkeit, das Gefühl für Echtes und Wichtiges und manches andere mehr.

Frühling

Heute morgen habe ich den Frühling gerochen, zum ersten Mal in diesem Jahr. Ich weiß nicht, woher er kam. Ich spürte nur: Er hat die Grenze überflutet, die Grenze, die im Osten des Winters liegt. Der Tag war heute schön, und selbst was schwierig war, erschien in einem anderen Licht. Wenn der Frühling kommt, scheint es mir, als nähme er mir ein Stück Verantwortung ab, nur aus mir selbst heraus für mein Glück sorgen zu müssen. Dann ist mir so, als stimmte das Orchester bereits seine Geigen und brächte in mir die Musik schon einmal zum Klingen.
Wie ist das gut, daß manchmal (wenn nicht immer) das größere Leben vorhanden ist, so daß mir nur noch das bleibt: die Augen zu öffnen, die Hände zu öffnen – und vor allem auch das Herz.

Die Sorge und das Vertrauen

Die Sorge streifte ihr braungraues Gewand über und verließ langsam das Haus. Der Tag war hell, aber sie schien die Helligkeit nicht zu sehen. Lachen flatterte von den Balkonen, aber sie hörte das Lachen nicht. Der Sommerduft der Wiesen zog um die Häuser herum, doch sie roch den Duft nicht. Die Sorge wirkte bedrückt, wie immer, wenn sie ihr Haus verließ. Sie hatte so viel zu denken, daß ihre Schritte immer schleppender wurden.

Da erschrak sie, denn vor ihr stand plötzlich das Vertrauen, dem eine gewisse Unwilligkeit anzumerken war. Und schon begann das Vertrauen das Gespräch, das es sich schon lange vorgenommen hatte.

„Woher nur nimmst du das Recht, dir in allem und jedem, was mich betrifft, schwere Gedanken zu machen?“ „Nun“, entgegnete die Sorge – sie fühlte sich nicht wohl in ihrer Haut –, „ich sorge mich um dich, weil du dem Leben gegenüber zu gutgläubig bist.“ „Zu gutgläubig?“ fragte das Vertrauen zurück, als habe es nicht recht verstanden. „Ob du wohl weißt, was du da sagst? Du lebst davon, daß du nach Dunklem fahndest, und ich davon, daß ich nach Hellem Ausschau halte. Du hältst dir das Leben fern, und ich empfange es mit offenen Armen.“

Und das Vertrauen wandte sich rasch von der Sorge ab und begegnete bald darauf dem lächelnden Leben.

Eine erholsame „Übung"

Hast du schon einmal einen Tag verbracht,
an dem du dein Gesicht so sein ließest,
wie es sein wollte?

Wenn ja, dann weißt du auch,
wie tief erholsam das ist.

Bittersüßes Gift

Gift kann bittersüß sein.
Trauer kann bittersüß sein.
Sehnsucht kann bittersüß sein.
Scheitern kann bittersüß sein.

Vieles, was wir auf die Negativ-Seite des Lebens schreiben, kann bitter und süß zugleich sein. Vielleicht liegt darin der Grund, warum wir – gegen jede Vernunft – an manchem festhalten, was uns schädigt. Trauern hat seine Zeit und seine Unzeit, Sehnsucht hat ihre Zeit und ihre Unzeit, auch das Beklagen des Scheiterns hat seine Zeit und seine Unzeit.
Bleibe ich jedoch der bitteren Süße solcher Gefühle verhaftet, dann muß ich mich fragen, ob ich neues Leben überhaupt noch will.

Eitelkeit

Die Eitelkeit zeigt sich im Widerspruch zwischen dem, was jemand tatsächlich ist und kann, und dem, was er zu sein und zu können vorgibt.
Wie der Eitle sich selbst beurteilt, so beurteilt er auch andere: natürlich auch danach, was sie zu sein und zu können scheinen. Und wenn er sich mit ihnen vergleicht – das tut er allzu häufig –, dann setzt er alles daran, mit ihnen wenigstens gleichauf zu sein, oder wenn möglich, sie zu überflügeln. So ist es auch nicht verwunderlich, daß er an anderen nur interessiert ist, sofern sie ihm in seinen Wünschen entgegenkommen. Sich lieben lassen, das genießt er, doch selber lieben, ist seine Sache nicht.
Wer eitel ist, lebt angestrengt, lebt permanent in Spannung. Er ist nicht bei sich selbst. Er ruht nicht in sich selbst. Er lebt nicht aus sich selbst.
Er lebt auch wenig „in" der Zeit, denn das Vergangene mit seinen alten Kränkungen hält ihn fest, das Zukünftige mit seinen noch nicht widerlegten Träumen zieht ihn an.

Die Gunst der Not

„Ohne Not“, hat C. G. Jung, wenn auch wohl überscharf, gesagt, „verändert sich nichts, am wenigsten die menschliche Persönlichkeit. Sie ist ungeheuer konservativ …“

Vielleicht also ist die Not hin und wieder nicht der Feind, sondern eher der Freund eines Menschen, jedenfalls für den, der sie danach befragt, ob sie ihm etwas zu sagen habe.

Selbstbewußtsein

Selbstbewußt ist ein Mensch, der viel von sich weiß, der sich – im Rahmen seiner Möglichkeiten – seiner Grenzen nicht weniger bewußt ist als seiner Möglichkeiten.
Der selbstbewußte Mensch ist alles andere als arrogant. Er ist in guter Weise bescheiden. Er ist deshalb bescheiden, weil er zu staunen gelernt hat über die Weite und Tiefe seines eigenen Lebens und des Menschseins überhaupt. Er weiß, daß dieses Kunstwerk Mensch nicht seine Erfindung war.
Der selbstbewußte Mensch tut deshalb auch nichts, um andere in seiner Gegenwart unsicher werden zu lassen. Im Gegenteil: Von ihm geht Güte aus, weil er sich selber gut ist.

Schweigen

Es tut so gut, hin und wieder bewußt zu schweigen. Es tut so gut, einige Stunden, vielleicht auch einen ganzen Tag lang sich nicht „in Beziehung zu setzen", nicht zu fragen, nicht zu antworten, nicht zu sprechen. Es tut so gut, die Gedanken gehen zu lassen, wie sie gehen, dem einen oder anderen auch einmal nachzuhängen, aber zu schweigen, sich nicht zu äußern.

Wer zuviel spricht, sich zuviel äußert, verliert sich in Äußerlichkeiten, kommt zu weit weg von sich, ist bei sich selbst nicht mehr zu Hause.

Wer hin und wieder schweigt, holt sich selbst wieder ein, kommt wieder mehr zu sich, ist sich selbst wieder nahe. Bewußtes Schweigen ist ein inneres Erholungsbad.

Stell dir vor

„Stell dir vor, es ist Krieg, und keiner geht hin."
Stell dir vor, es ist Frieden, und jeder nimmt teil.

Stell dir vor, es ist Not, und keiner sieht weg.
Stell dir vor, es gibt Glück, und jeder sieht hin.

Stell dir vor, einer macht Fehler, und keiner verurteilt ihn.
Stell dir vor, du machst Fehler, und auch du verurteilst dich nicht.

Stell dir vor, andere träumen von einem menschlicheren Leben – und leben sich hinein in den Traum.
Stell dir vor, du selbst träumst von einem menschlicheren Leben – und auch du lebst dich hinein in den Traum.

Die größte Liebe

Wann wohl lieben wir einen Menschen mehr:
wenn wir ihn erziehen – oder ihn sein lassen,
wenn wir uns um ihn sorgen – oder ihn gehen lassen,
wenn wir alles für ihn tun – oder ihn herausfordern?

Wahrscheinlich lieben wir ihn am meisten, wenn wir ihm das geben, was er hier und jetzt braucht.

Was dich aufregt

Worüber regst du dich am meisten auf?
Das, worüber du dich besonders aufregst, ist sicher häufig das, was du mit Recht empörend findest.
Das, was deine Wut entzündet, kann allerdings auch das sein, womit du selbst nicht zurechtkommst, obwohl es dir gar nicht bewußt ist. Wenn das so ist, dann siehst du an anderen dein eigenes Problem.
Wer sich z. B. chronisch über Sozialisten oder Kapitalisten, Geschiedene oder Homosexuelle, Arbeitslose oder Politiker, Behinderte oder Reisevögel, „Neurotiker“ oder „Gesundheitsapostel“, „die Jugend“ oder „die Alten“ aufregt, kann sich fragen, ob ihm nicht *selbst* gerade das zu schaffen macht, was er an anderen so heftig ablehnt.
Ich versichere gern, daß der, dem dieser merkwürdige Zusammenhang aufgeht, nicht nur (zunächst) erschrocken, sondern auch und vor allem fortan freier sein wird.

April

Innere An-Sprache

Welche Seite in dir sprichst du zuwenig an? Sprichst du zum Beispiel den Mut zuwenig an, die Hoffnung, die Freude oder die Freiheit?
Diese menschlichen Seiten sind wie innere Personen, die darauf angewiesen sind, daß wir uns mit ihnen in Verbindung setzen.
Die Seite, die du in dir zuwenig ansprichst, bleibt im Verborgenen, kommt nicht zum Vorschein, wird nicht belebt, wird nicht aus-gelebt, gleicht der Saite eines Instrumentes, die nicht zum Klingen kommt.
Nimm dir einmal Zeit, schließ die Augen, sprich in dir z. B. den Mut an. Stell dir das Wort „Mut" vor deine inneren Augen, sieh tief hinein in dieses Wort. Dann fühlst du den Mut, zunächst nur am Rande, doch deutlich genug. Bleib bei diesem ersten Ein-Druck, bewahr ihn dir.
Danach laß ihn fließen – durch deine ganze innere Welt. Richte dich ganz auf ihn aus, auf deinen Mut, der schon lange darauf gewartet hat, dir nahezukommen und leben zu dürfen, nicht nur in deinem Gefühl, auch in deinem täglichen Leben.

Wovon lebe ich?

Was meint die Frage überhaupt?
Wer danach fragt, wovon er leben kann, fragt danach ...
... was er zum Leben braucht,
... was seinen inneren Hunger stillt,
... was ihn aus-füllt,
... worauf er nicht verzichten darf,
... was sein Leben sinnvoll und
was es menschlich macht.
Du mußt auf die Frage keine Antwort wissen, wenn du sie lebst.
Vielleicht aber weißt du sie manchmal nicht und lebst sie auch nicht. Dann wird es Zeit, sich dieser Frage zu stellen. Eine Antwort darauf wirst du allerdings nicht finden, wenn du sie nicht mit dem Herzen suchst. Mit dem Herzen beginnst du zu suchen, wenn du dich nicht auf andere verläßt, sondern dich selbst auf den Weg machst. Dann wirst du wahrscheinlich auch die erstaunliche Erfahrung machen, daß bereits das Suchen selbst dein Leben wieder auszufüllen beginnt.
Wo solltest du beginnen?
Bei der Frage nach deinen Wünschen und danach, ob sie für dich tatsächlich unerfüllbar sind.
Die einen sind es vielleicht, die anderen auch?

Ostern

Ostern als Fest der Auferstehung des geliebten und verhaßten Menschen aus Nazareth ist für die, denen dieses Fest nicht gleichgültig ist, ein großes Rätsel. Die Versuche, dieses Rätsel zu lösen, haben die kuriosesten Blüten hervorgebracht. Ich zweifle allerdings nicht daran, daß es nie eine Lösung geben wird, die den Verstand befriedigt. Mit Ostern ist es wie mit allem, was menschliche Herzen in besonderer Weise bewegt: Der Verstand will Klarheit, gedankliche Klarheit, und scheuert sich wund an den Bergen, hinter denen das Leben beginnt, zu dem er keinen Zugang hat.
Es kann ja sein, daß eines fernen Tages der Verstand sein Hohngelächter anstimmen und sagen wird: „Ich hab's euch doch gesagt …"
Es kann aber auch sein, daß eines fernen Tages die Naivität ihr farbloses Gewand abstreift und das Lied von der Auferstehung aller Menschen anstimmen wird.
Eines jedoch scheint mir sicher: Weder der Verstand noch die Naivität werden am Ende aller Zeiten die Bilder vorfinden, die sie sich erdacht haben. Ich glaube, daß das Leben – oder sollte ich ehrlicherweise von Gott sprechen? – für jede Überraschung gut ist.

Neuer Tag

Jeder neue Tag ist ein kleines neues Leben.
Jeder neue Tag gleicht einer unberührten Straße Schnee. Jeder neue Tag sieht auch mich selbst am Anfang eines unberührten neuen Lebenstages.
Am Beginn eines neuen Tages habe ich noch nicht die Fehler von gestern wiederholt.
Am Beginn eines neuen Tages hat auch das Leben mich noch nicht enttäuscht.
Heute am Morgen kann ich mich öffnen für neue Erfahrungen mit mir, mit anderen und auch mit dem ganz großen Leben.

Seltsam

Seltsam, daß Menschen „die Hölle auf Erden" haben und sich dagegen nicht empören.
Seltsam, daß Menschen „den Himmel auf Erden" haben und kaum die Freude kennen.
Seltsam, daß jeder Glück will und wenige es suchen.
Seltsam, daß niemand Leid will und viele es zulassen.
Seltsam, daß viele Angst haben und nicht die Freiheit suchen.
Seltsam, daß Leben im Heute stattfindet und viele im Gestern und Morgen leben.
Seltsam, daß Männer Frauen „lieben" und sie nicht lieben – und Frauen Männer „lieben" und sie nicht lieben.
Seltsam, daß Menschen die große Gunst haben, am Leben teilnehmen zu dürfen, und sich betäuben.
Seltsam, daß kein Mensch Krieg will und ständig Krieg ist. Seltsam, daß wir nichts mehr als das Leben lieben und es zerstören, vergiften, töten.
Seltsam, daß „die Krone der Schöpfung" sich selbst so häufig erniedrigt.
Seltsam, daß der, der dieses Leben erdachte, erfühlte, erschuf, noch immer dieses Leben zu lieben scheint.

Das tiefste Problem

Du kennst dein tiefstes Problem?
Es nicht zu kennen, bedeutete, ständig von ihm dirigiert und bestimmt zu werden, hieße auch, daß viele, wenn nicht alle Lebensregungen davon beeinflußt würden.
Wer aber dieses Problem kennt, kann sich darauf einstellen und es beeinflussen, reduzieren, vielleicht sogar überwinden:
Bist du zu aggressiv? Vielleicht auch zu stolz?
Erscheinst du dir selbst zu oft unaufrichtig?
Suchst du zu oft ziellos?
Leidest du an deiner Gefühlsferne?
Ist die Angst dein Problem oder die permanente Suche nach Glück?
Packt dich zu sehr die Machtbesessenheit?
Oder erlebst du dich als zu weltfern?

Was es auch sei – kennen solltest du dein tiefstes Problem.

Die eigene Unschuld

Hugo von Hofmannsthal hat einmal gesagt, in jedem Menschen wohne seine eigene Unschuld.
Daß das so ist – oder sein kann – wird der nicht erfahren, der Menschen nur „realistisch" betrachtet. Denn die „Unschuld", von der der Dichter spricht, liegt offenbar in Seelentiefen, zu denen weder Verstand noch Erfahrung Zugang haben. Es gibt glücklicherweise Phänomene im Menschen, von denen er zwar lebt, die er jedoch weder zerdenken noch zerreden, an die er vielleicht nur glauben kann.

Die eigene Unschuld? Was mag das sein?
Ein ungetrübtes Licht?
Eine Ahnung vom echten Leben?
Ein Stück ganz tiefe Liebe?
Ein Bild vom wahren Selbst?

Manchmal kann es gut sein, ein Wort, das uns anspricht, nur auf uns wirken zu lassen.

Befürchtungen

Die meisten Dinge, vor denen wir uns fürchten, treten so nicht ein, wie wir sie befürchtet haben. Das ist bekannt. Nicht bekannt ist, warum wir daraus so selten eine Schlußfolgerung ziehen.
Die meisten Dinge, auf die wir uns freuen, treten nicht so ein, wie wir sie uns vorgestellt haben. Auch das ist bekannt. Wissen wir aber auch, daß diese erfreulichen Vorstellungen sich deshalb nicht häufig genug verwirklichen, weil wir sie häufig genug mit unseren Befürchtungen mischen?

Vom Mitgefühl mit sich selbst

Selbstmitleid ist Gift, Mitgefühl mit sich selbst eine der wesentlichen Bedingungen dafür, daß Leben gelingt.
Mitgefühl mit sich selbst ist die Mutter der Liebe zu sich selbst. Es hat seine Wurzel im Wissen der Seele um die Kostbarkeit der eigenen Person.
Mitgefühl mit sich hat, wer ganz tief versteht, daß er als Mensch, ganz gleich, wie sein Leben bislang verlaufen ist, unersetzbar ist, der begriffen hat, daß keiner außer ihm dafür Sorge zu tragen hat, daß es ihm gutgeht.
Mitgefühl mit sich hat, wer ahnt, daß nicht Leiden, sondern Sinn, nicht Freudlosigkeit, sondern Glück auch sein Leben ausmachen könnten.
Wer mit sich fühlt, empört sich gegen alles, was ihn herunterzieht, tut alles, damit er aufrechten Ganges durch seine Tage gehen kann.
Wer mit sich fühlt, weiß auch, wieviel er noch braucht, um mehr als bisher Mensch zu sein, wird sich auch fragen, was er sich selber schuldig ist.
Wer mit sich fühlt und ahnt, wer er ist und was er braucht, ahnt, wer der andere ist und was er braucht, ahnt auch, was überhaupt Leben ist und Leben braucht. Er liebt das Leben.

Will ich, was ich will?

Wenn ein Süchtiger das Objekt seiner Sucht nicht vorrätig hat, wird er alles daransetzen, um es zu finden. Und er wird es finden, in aller Regel jedenfalls, weil das, wonach er sucht, für ihn (leider) das Wichtigste im Leben ist.
Kann es sein, daß mancher Mensch, der sich nach etwas ganz Wichtigem sehnt und es trotzdem nicht lebt, jemand ist, der anderes im Grunde doch noch für wichtiger hält? Was mich angeht, was mich anzieht, was mich packt, ist in der Regel stark genug, um mich die Barrieren vor den Zielen meiner Sehnsucht überwinden zu lassen.

Wer sieht schon einen ganzen Berg?

Menschen brauchen Menschen, um mehr erkennen zu können: Jeder sieht Aspekte der Wirklichkeit, die der andere nicht sieht. Je offener ein Mensch für das ist, was ein anderer ihm von seinem Standort aus sagt, desto mehr weitet sich der Horizont seiner Erkenntnis aus. Mir kommt dazu ein Bild:
Da ist ein großer, majestätischer Berg. Und da sind vier Menschen. Der eine betrachtet ihn von der Ost-, der andere von der Westseite, der dritte schaut auf ihn von der Nord-, der vierte von der Südseite. Wenn die vier Betrachter dann nach einiger Zeit zusammenkommen und ihre Ein-Sichten austauschen, hat jeder von ihnen zwar den Berg gesehen, doch jeder nur von seiner Seite, also einseitig. Jeder wird also, wenn er mehr vom ganzen Berg erfahren will, aufmerksam zuhören, wenn die anderen von dem berichten, was sie gesehen haben.
Und wieviel „größer" als jeder Berg ist dieses ganze Leben!

Man kann sich auch irren

Da sitzen sie vor dir. Du hast zu reden begonnen. Alle sehen auf dich. Alle schweigen, und du redest. Du fühlst dich sehr allein, fühlst dich von ihnen abgetrennt. Du möchtest weg, du möchtest überall sein, nur nicht hier. Denn du siehst Feinde, lauter Feinde. Keiner von denen ist dein Freund. Jedenfalls empfindest du so die Menschen, die jetzt vor dir sitzen und dir zuhören.
Sag, lieber Freund, warum redest du?
Hast du den anderen nichts zu sagen? Nichts?
Und: Willst du *ihnen* etwas sagen – oder sollen sie *dir* etwas sagen, nämlich: daß du fabelhaft redest, daß du mehr als sie weißt, daß du wichtiger bist als sie?
Und: Sind die anderen dir feind, oder bist du selbst ihr Feind, weil du nicht glauben kannst, daß sie dir, ausgerechnet dir, tatsächlich zuhören wollen?

Prognosen

Zeitungsberichten zufolge – sie stützten sich auf von Wissenschaftlern ermittelte Computerdaten – sollte es einen Zusammenstoß zwischen unserem Planeten und einem großen Asteroiden geben. Diese Nachricht ängstigte viele Menschen, mich zunächst auch.
Nun hat es glücklicherweise schon manches Mal Prognosen ernstzunehmender Wissenschaftler gegeben, die der Wind der Zeit rasch ins Land des Vergessens wehte. Und doch: Die lange Geschichte unseres Planeten und der Menschheit zeigt, daß es immer wieder tiefgreifende Evolutionen und Revolutionen gegeben hat.
Wie kann man mit den Ängsten, die durch solche Nachrichten ausgelöst werden, leben?
Eine allgemeine Antwort: Alle Aussagen über die Zukunft – im großen wie im kleinen – sind Aussagen von Menschen, die nur innerhalb menschlicher Denksysteme das Prädikat „eindeutig" beanspruchen können.
Eine persönliche Antwort: Ich glaube, daß durch alles Leben hindurch ein warmer Sinnfluß fließt, der auch dann warm bleibt, wenn er in den verschiedenen Landschaften des Lebens sich neu seine Bahn bricht. Und ich glaube, daß mir selbst und allem anderen Leben letztlich nichts passiert, was nicht die Zollstelle des großen Sinngebers passiert hätte.

Sich von lästigen Gedanken befreien

Kennst du das? Da sind Gedanken, von denen du dich nicht befreien kannst. Sie fließen einfach nicht weiter. Sie halten dich besetzt. Du kommst nicht von ihnen los. Du kannst sie auch nicht überspringen. Sie haften an dir. Deine Konzentration schwindet. Das, womit du dich beschäftigen möchtest, bleibt dir fremd. Deine Gedanken kreisen nur um das Eine, woran du denken mußt: vielleicht an ein Versagen, vielleicht an eine alte Schuld, daran, daß du nichts wert bist, daran, daß du „das alles" nicht mehr schaffst. Du wirst selbst wissen, was das sein kann, worüber wir hier sprechen.
Gedanken solcher Art leben davon, daß wir uns über sie ärgern. Wir ärgern uns über sie, weil wir ihnen ausgeliefert zu sein scheinen. Wir sind es jedoch nicht, jedenfalls dann nicht, wenn wir sie uns wie einen Film anschauen, als hätten wir persönlich nichts mit ihnen zu tun, wenn wir sie „studieren" wie ein interessantes Objekt und uns z. B. fragen: Was wird mir wohl gleich zu diesem Thema einfallen?
Es ist dabei das Geheimnis im Spiel, daß alle Gedanken von dem leben, was wir ihnen an Gefühlen zukommen lassen. Das gilt für die Gedanken, die uns aufbauen, das gilt auch für die, die uns lästig sind. Nicht von einem psychologischen Trick ist hier die Rede, sondern von der Fähigkeit unseres Geistes, immer wieder neue Aus-Gänge aus dem Labyrinth der Irrwege finden zu können.

Sich drücken

Wer sich drückt – im Leben vor dem Leben – drückt *sich.*
Er drückt sich *selbst.*
Er drückt sich selbst.

Wer vor dem Leben davonläuft, läuft vor sich *selbst* davon. Wer vor sich selbst davonläuft, läuft vor dem einzigen davon, was er hat. Er läuft ins Nichts.
Wer im Nichts steht, hat nichts mehr, wovon er leben könnte.

Leib und Seele

Einst versammelten sich alle Organe des Leibes und alle Instanzen der Seele zu gleicher Zeit zu zwei getrennten Veranstaltungen. Diese Treffen waren notwendig geworden, weil Krieg zwischen ihnen drohte. Anlaß der Krise war die Frage, ob der Leib oder die Seele wichtiger für den Menschen sei. Beide tagten lange, und beide fanden schließlich eine eindeutige Antwort. „Wo wäre die Seele, wenn wir nicht wären?" faßte der Vorstand der leiblichen Organe die Beratung zusammen. – „Was wäre der Leib, wenn wir nicht wären?" faßte der Vorstand der seelischen Instanzen seine Beratung zusammen. Die Abgesandten der beiden unterschiedlichen Gruppen trafen sich an einem verabredeten Ort und gaben kund, was sie zu sagen hatten. Da gesellte sich der Geist zu ihnen. Er hatte ihre Worte mit angehört. Gütig schaute er beide an und sagte: „Geht hin und sagt euren Organen und Instanzen, was ich euch sage: Geschwister seid ihr, Geschwister des Lebens, obgleich von verschiedener Art. Geschwister seid ihr, denn ihr stammt aus derselben Quelle. Wie also kann der eine wichtiger sein als der andere, da ihr doch beide Kinder des Lebens seid?" Die Abgesandten übermittelten ihren Gruppen die Botschaft des Geistes. Alle waren sehr betroffen, nicht zuletzt deshalb, weil keiner von ihnen den Geist in die Beratung einbezogen hatte. Denn auch er war ein Kind des Lebens.

Im Land der Träume

Als an der Schwelle zwischen Tag und Nacht der Tag vor dem Schlaf sich verneigte, sprach der Schlaf: „Was machst du nur mit dem Menschen, den ich so gern beherbergen möchte? Er ist so unruhig, vertraut sich mir nicht an. Er wehrt sich gegen meine Gunst."
Der Tag, befremdet angesichts des Vorwurfs, entgegnete: „Bin ich es denn, der seinen Frieden nicht will? Ich möchte nichts anderes als du: dem Menschen, der meine Zeit durchwandert, Heimat geben, denn *dazu* bin ich da." Da waren beide ratlos.
Der Mensch schlief wider Erwarten gleich ein, und der Schlaf beschloß, sich auf die Brücke des Traumlandes zu stellen und von dort aus dem Menschen eine Weile beim Träumen zuzuschauen. Da erschrak der Schlaf. Er sah in einem der Träume, daß der Mensch sich selbst ganz vergessen hatte und nicht mehr wußte, wo er zu Hause war.

Grenzerfahrung?

Wenn du noch nie etwas getan hast,
was dir peinlich war,
dann hast du noch nie deine Grenzen überschritten.

Wenn du aber noch nie deine Grenzen überschritten hast, dann frag dich,
ob du schon je zu deinen Grenzen vorgedrungen bist.

Doch wenn du sie noch nie erreicht hast –
hast du dich dann je aus-gelebt?

Der Mensch aus Nazareth

Dieser Mensch läßt mich nicht los.
Ich habe in vielen Büchern gelesen, daß er nicht der war, für den ihn viele hielten und noch immer halten. Ich habe erlebt, daß viele peinlich berührt waren, wenn nur sein Name fiel. Und wenn ich in dem Buch lese, in dem von ihm die Rede ist, dann sagt mir mein Kopf, ich läse in einem alten Märchen. Doch dann vergesse ich die Wissenschaft und lese weiter. Und ich begegne einem Menschen, der mit Menschen sprach in einer unvergleichlichen Weise: feinsinnig, warmherzig und verständnisvoll, eindeutig, unmittelbar und herausfordernd, tiefgreifend und radikal. Er deckte faules Leben auf und deckte Schwächen zu. Er zog die Menschen weg von ihrer Oberfläche und zog sie hinein in die Tiefen des Lebens. Er ließ sie staunen, immer wieder staunen. Er begegnete ihnen als Lieb-Haber des Lebens.
Er wurde verkannt, weil er das Leben erkannte. Er wurde verfolgt, weil er Menschen zum Leben befreite. Er wurde gehaßt, weil er – und das war neu – so unvergleichlich liebte. Er wurde umgebracht, weil er sagte, sein Leben sei von Gott. Er sprach mit Menschen so, daß sie sich entsetzten, so oder so.
Ich komme nicht los von dem Menschen aus Nazareth trotz meiner geschulten Bedenken. Und manchmal frage ich mich: Ob es Wirklichkeiten gibt, die sich selbst vor dem menschlichen Verstand nicht rechtfertigen müssen?

Die große Liebe

Die große Liebe ist nicht allein die,
die uns entgegenkommt,
anhält
und mit uns geht
bis ans Ende aller Tage.

Die große Liebe ist vielleicht auch die,
die uns
zunächst
gar nicht groß erscheint,
dann aber wächst und wächst –
in dem Maße wächst,
in dem wir das Beste
aus dem anderen herauslieben.

Selbst entscheiden

Zu dem, was für den Menschen – ganz anders als beim Tier – besonders charakteristisch ist, gehören sein Recht und seine Möglichkeit, selbst zu entscheiden, wie er sein Leben führen will. Es scheint allerdings nicht leicht zu sein, diese spezifisch-menschliche Möglichkeit auch in die Tat umzusetzen.

Stell dir vor,
du fühltest dich in dem, was du tun willst oder tust, weniger von anderen bedrängt –
du fühltest, dies oder das ist jetzt mein Weg, und gingest ihn auch –
du fühltest dein wachsendes Selbstvertrauen –
du fühltest deine relative Unabhängigkeit –
du fühltest den Wert deines persönlichen Lebens.
Stell dir das vor!

Treue zu sich selbst

Wer immer es in dieser Welt riskiert, das Beste, sein eigenes Wesen nämlich, aus sich herauszuleben, wird damit zu rechnen haben, daß die Meute der Konformisten und Konventionalisten sich an seine Fersen heftet, um ihn zu Fall zu bringen. Denn keiner scheint sie wütender zu machen als der, der seinen eigenen Weg geht.
Und trotzdem: Wer immer es wagt, sich selber treu zu sein, wird auch erfahren, daß ihm das Leben selbst die Treue hält.

Mehr wert?

Weshalb sind die anderen „mehr wert“ als du?
Sind sie schöner als du? Vielleicht.
Sind sie intelligenter? Vielleicht.
Haben sie mehr Einfluß? Vielleicht.
Haben sie mehr Geld? Vielleicht.

Sicher gibt es viele, die schöner, intelligenter, einflußreicher und betuchter sind als du und ich – mag sein, daß sie „das alles“ haben.
Ich hatte dich jedoch gefragt, weshalb deiner Meinung nach die anderen „mehr“ wert seien als du.

Lach-Mangel

Kann es sein, daß du zuwenig lachst?

Da ist nichts, worüber du lachen könntest?
Nicht einmal über dich selbst?
Nichts ist komisch in deiner Welt?
Alles ist tragisch?
Es gibt nichts um dich herum,
was unterschiedlich wichtig wäre
und unterschiedlich unwichtig?
Wirklich nicht?

Das Gute ansprechen

Wer in einem Menschen das Gute anspricht, holt das Gute aus ihm hervor. Wer das Gute aus ihm hervorholt, lenkt seinen Blick auf seine besten Seiten.
Wer auf seine besten Seiten sieht, nimmt Beziehung zu ihnen auf. Wer Beziehung zu seinen besten Seiten aufnimmt, läßt sie zum Vor-Schein kommen,
Wer seine besten Seiten zum Vor-Schein kommen läßt, läßt sie vielleicht auch leben.

Versteckspiel

Wenn kleine Kinder beim Versteckspiel nicht gefunden werden wollen, legen sie beide Hände vors Gesicht. Denn wenn sie niemanden sehen können – wie sollte dann ein anderer sie sehen? So denken sie, und wir, die Großen, finden es rührend. Und das soll auch so bleiben.
Wenn Erwachsene bei ihrem Versteckspiel (das bekanntlich anders ist als das der Kinder) nicht gesehen werden wollen, machen sie nicht selten – im Prinzip – das gleiche. Sie setzen eine Maske auf, spielen eine bestimmte Rolle oder leugnen mehr frisch als fröhlich, was sie zu verbergen haben. Das ist dann nicht mehr rührend.
Sie tun so, als wäre das, worum es geht, überhaupt nicht da: die nicht ganz saubere Taktik, die zweifelhafte Absicht, das eigene Versagen, die eigene Schuld. Und äußerlich haben sie damit Erfolg, sehr häufig jedenfalls.
Wenn nur das eigene Herz nicht wäre, wenn nur das eigene Herz nicht wäre …

Die Maske

Du sagst ja, wenn du nein meinst?
Du beschönigst, wenn du wütend bist?
Du lächelst, wenn dir zum Weinen zumute ist?
Du redest, wenn du schweigen möchtest?
Du gehst mit, wenn du weglaufen „willst"?

Du trägst noch immer die Maske, die dir schon längst zu schwer geworden ist?

Ein kleines Wunder

Das ist für mich immer wieder ein kleines Wunder: Da hat einer mit einem anderen Streit. Und beide sind von solchen Gefühlen besetzt, daß keiner von beiden sich vorstellen kann, jemals wieder dem anderen gut sein zu können. Jeder sieht am anderen nur das Negative. Gespräche helfen nicht weiter, Briefe helfen nicht weiter. Freunde helfen nicht weiter. Man geht sich aus dem Wege, sieht sich nicht mehr. Die Zeit vergeht.

Eines Tages stehen sie wieder voreinander, scheu zunächst und vorsichtig. Dann – aus einem tiefen Gefühl heraus – sieht der eine den anderen warm an, ist selbst fast erschrocken und weiß nicht, wie ihm hier und jetzt geschieht. Doch fühlt er die Wärme in sich, die Wärme für den anderen – und der läßt sich hineinnehmen in das gute, neue Lächeln.

Erfahrungen

Wer sich auf Erfahrungen beruft, sollte sich bewußtmachen, daß er sich auf seine eigenen beruft. Manchmal decken sie sich mit denen anderer, manchmal nicht.
Wer sich auf seine Erfahrungen beruft, sollte sich auch bewußtmachen, welche er meint: die guten, die schlechten oder beide.
Es gibt nicht wenige Menschen, die sich auf Erfahrungen berufen und beim Aussprechen dieses Wortes um den Mund herum bitter werden.
Ob sie mit *neuen* Erfahrungen nicht mehr rechnen? Erfahrungen beziehen sich ja immer nur auf altes, nie auf neues Leben.

Zu spät?

Kann es zu spät sein
für die Veränderung eines Lebens?

Ja,
dann,
wenn ein Mensch
sich diese Frage nicht mehr stellen kann.

Erst dann.

Mai

Sehnsucht

Mich macht immer wieder zornig, wie viele Menschen ihre besten Wünsche zu früh in die Kategorie unerfüllbarer Sehnsüchte verbannen und dann das graue Lied vom tristen Leben anstimmen. Diese zaudernden Freunde leiden allerdings, was sie häufig nicht einmal ahnen, keineswegs nur unter ihrem Sehnsuchtsgefühl, sondern auch unter den Attacken ihrer eigenen Seele. Denn die Seele kann und will es nicht dulden, daß erlaubte und mögliche Lebenswege in besonders schöner Lebenslandschaft nicht bewandert werden.

Das Herz und die Freiheit

Morgens, wenn der Tag noch ganz frisch ist, kommt die Freiheit aus ihrem Verlies, reckt sich hoch und möchte für den Menschen, in dem sie wohnt, neues Land erobern. Doch er kommt nicht und fragt nicht und fordert nicht.

Da zieht sich die Freiheit verstört zurück, begegnet auf ihrem Wege dem Herzen und klagt sich bei ihm aus.

Das Herz, reich an Erfahrungen, versteht die Freiheit gut und sagt zu ihrem Trost: „Manchmal müssen wir eben darauf warten, daß die *Träume* den Menschen zu uns führen."

Freiheit in der Gewaltlosigkeit

Zu den Weisheiten, die uns die innere Bildwelt erschließt (Träume etwa oder Imaginationen, also bewußt herbeigeführte „Wanderungen“ durch unsere innere Welt), gehört die erstaunliche Erfahrung, daß sich Widerstände nur selten gewaltsam lösen lassen.
Ein Beispiel aus dieser merk-würdigen Welt:
Wer eine Tür, für die sich kein Schlüssel finden läßt, trotzdem öffnen möchte, tut gut daran, sie nur mit leichtem Fingerdruck zu berühren. Dann wird sie sich öffnen.
Ein anderes Beispiel:
Steht jemand vor seinem ganz persönlichen Feind, etwa vor einem riesengroßen Mann, dann hilft nur selten Hauen oder Stechen, häufig aber dieses: daß der Bedrohte auf den Feind zugeht, ihm in die Augen sieht und vor ihm nicht ausweicht. Dann kann es sein, daß ziemlich rasch aus dem Riesen ein Zwerg wird.
Was für die innere Welt gilt, gilt – nicht nur im Prinzip – auch für die äußere: Gewalt schafft Zwänge, Gewaltlosigkeit (sie ist ja nicht gleichbedeutend mit Untätigkeit) schafft Freiheit.

Selbstvorwürfe

Es gibt so viele Menschen, die ihr eigenes Leben durch ständige Selbstvorwürfe zerleben.
Wer sich ständig Selbstvorwürfe macht, ist ständig aggressiv gegen sich selbst – und sei es ihm auch nicht bewußt. Wer jedoch ständig aggressiv gegen sich ist, lehnt sich ständig ab. Und wer sich ständig ablehnt, kommt nicht zum Lieben, liebt weder sich noch andere, denn er kreist permanent um sein armes, geschundenes Ich.
Deshalb ist sein Blick auch nicht frei für das, was hier und jetzt sein könnte an richtig gutem Leben. Er lebt nicht *in* der Zeit, er lebt jenseits der Zeit, in der er leben könnte. Er sieht nur auf sein vergangenes, verbrauchtes Leben. Und so zerlebt er seine Gegenwart.
Woher kommt denn die Neigung zu übertriebenen Selbstvorwürfen? Wer sein eigener Richter ist, scheint auch noch im Versagen ein rechtschaffener Mensch zu sein …
Aber soll man sich denn die begangenen Fehler nicht vor Augen führen? Man soll, allerdings nicht so, daß Selbstkritik in ständige Selbstquälerei ausartet. Man könnte sonst schuldig werden an seinem *ganzen* Leben.

Täuschungen

Manche Menschen wirken eisig, weil ihre Gefühle eingefroren wurden. Du solltest einmal sehen, wie sie wirken, wenn sie weinen …
Manche Menschen wirken hart, weil sie sich ungeborgen fühlen. Du solltest einmal sehen, wie sie wirken, wenn sie von ihrer Sehnsucht sprechen …
Manche Menschen wirken arrogant, weil sie sich minderwertig fühlen. Du solltest einmal sehen, wie sie wirken, wenn sie ihre Not beklagen …
Manche Menschen wirken unbedeutend, weil ihnen kaum einer Beachtung schenkte. Du solltest einmal sehen, wie sie wirken, wenn sie selbst ihre Bedeutung entdecken.

Menschsein

Menschsein heißt, sich entscheiden zu können. Gewiß, der Satz klingt theoretisch. Doch hinter seiner spröden Fassade verbirgt sich ein, wenn nicht *das* Geheimnis gelingenden Lebens.
Ja, wir haben unsere Anlagen. Ja, wir haben auch unsere Erziehung. Ja, wir leben auch in einer bestimmten Umgebung und Zeit. Und diese Faktoren entscheiden mehr oder weniger mit über den Verlauf unseres Lebens. Merkwürdig nur, daß in diesem Jahrhundert ein anderer mitbestimmender, allerdings nicht meßbarer Faktor so wenig genannt wird: *der Mensch selbst* mit seiner Fähigkeit, sich auf seine Anlagen und die Auswirkungen seiner Erziehung, die Umwelt und die Zeit *einstellen* zu können. Merkwürdig deshalb, weil das Leben erst dann spannend, würdevoll, sinnvoll, lebendig wird, wenn er, der von äußeren Faktoren so hoffnungslos abhängig scheinende Mensch, selbst protestiert und bejaht, widersteht oder einwilligt angesichts dessen, was ihn unfrei macht oder zu machen droht. Dann erst nämlich wird der Mensch ganz Mensch, wenn er sich zu fühlen und zu erfahren beginnt als jemand, der Mensch ist gerade und vor allem dadurch, daß er *selbst* entscheidet, was sein Innerstes unter Druck setzen darf und was nicht.

Juckreiz der Seele

Ein reizvolles Thema: Eine Mücke hat dich gestochen. Der Stich erzeugt einen Juckreiz. Du bist gereizt, wirst noch gereizter. Wohl weißt du, daß du die juckende Stelle nicht behandeln solltest. Du tust es doch. Das tut auch gut – zunächst einmal. Du verteilst jedoch – durch die Reiberei – das Gift, so daß die Einstichstelle anschwillt und auch der Reiz. Du weißt, wie's weitergeht.
Ein reizvolles Thema auch dieses: Da ist jemand, der dir ein Wort sagt, das dir nicht gefällt. Du fühlst den Stich. Du fühlst den Reiz. Der Reiz nimmt zu. Du ahnst, daß, wenn du dich nicht jetzt und sofort anderen Dingen zuwendest, der Reiz zum Problem wird. Du bleibst beim Reiz und kommst zum Problem. Aus dem Reiz wird Wut, und das Problem schwillt an. Die Wut tut gut – zunächst einmal. Du weißt, wie's weitergeht.
Ist das, weshalb du dich streitest, so wichtig?
Manchmal wohl –
aber häufig auch nicht!

Vom Abschaum der Menschheit

Man weiß, die Eindämmung der Drogensucht ist die Sache des Staates. Man weiß offenbar wenig davon, daß auch du und ich und der sehr anständige Kollege etwas damit zu tun haben, wie Menschen sich in diesem Staate fühlen: ob sie Mut zum Leben haben – oder sich in ihrer Mutlosigkeit dem Wahn-Sinn der Betäubung überlassen. Man liest, daß sich der Staat viel einfallen lasse, um bessere Bedingungen für die Resozialisierung von Süchtigen zu schaffen. Man liest allerdings wenig davon, warum so viele junge Menschen in dieser Zeit süchtig sind.
Man hört, Süchtige seien der „Abschaum der Menschheit". Man hört aber nicht, daß immer der jeweilige „Abschaum" am deutlichsten zeigt, was einer Zeit am meisten fehlt.
Was fehlt denn dieser Zeit?
Nicht der Sinn.
Ihr fehlen Menschen, die Sinn nicht nur in Geld und Geltung suchen.

Werte

Jeder Mensch ist nicht nur *triebbestimmt,* sondern auch *wertorientiert.* Die Triebe treiben ihn von selbst, auf die Werte muß er sich ausrichten. Nach Werten zu fragen heißt, nach Gründen für sinnvolles Leben zu fragen.
Es gibt konkrete Gedankenanstöße, die helfen können, mit Werten in Berührung zu kommen:

Erstens: Was interessiert mich? Was spricht mich an? Was finde ich gut?
Zweitens: Welcher dieser Werte könnte sogar mein Leben verändern?
Drittens: Was wäre, wenn ich diesen Wert leben würde?
Viertens: Ich *entscheide* mich, ihn zu leben.
Fünftens: Ich verwirkliche ihn in der Tat.

Diese Fragen klingen spröde, die persönlichen Antworten darauf könnten lebendig sein.

Keine Angst vor großen Menschen

Das weiß ich sicher: Sogenannte große Menschen, solche also, die viel Herzensbildung haben, sind Menschen, vor denen wir nie Angst zu haben brauchen, und hätten sie auch einen noch so großen Namen.

Mißtrauen

Mißtrauen basiert auf negativen Erfahrungen eines Menschen mit Leben. Verallgemeinert er diese Erfahrungen, dann wird Mißtrauen zu einer Grundhaltung.
Die Weltanschauung eines solchen Menschen (ich denke nicht an grauenvolle Schicksale) ist simpel: Ich glaube erst dann an das Gute, wenn es eingetroffen ist. Das Gute aber wird sicher nicht kommen.
Der mißtrauische Mensch hofft wenig, glaubt wenig, sucht wenig, wagt wenig, aber er wartet viel, vor allem darauf, daß das eintrifft, was er befürchtet. So zwingt er das Negative herbei, denn jede Idee hat die Tendenz, sich zu verwirklichen. Das aber bestätigt ihn wieder in seiner düsteren Auffassung vom Leben.
Wer so lebt, lebt nicht ohne Gewinn. Denn: Er täuscht sich seltener als der Vertrauende, er traut seiner Vertrauenslosigkeit, er fühlt sich als Realist.
Nur: Das Leben wird nicht warm bei ihm.

Die innere Stimme

Du kennst das: Du begegnest einem Menschen, spürst, daß etwas zwischen dir und ihm steht, findest jedoch ein Argument, das, was du fühlst, als „bloßes Gefühl“ abzutun. Du läßt dich auf ihn ein – und scheiterst.
„Man sollte mehr auf seine innere Stimme hören.“ Wie oft wird dieser Satz gesagt, wenn „es“ zu spät ist. Was ist die innere Stimme?
Sie ist ein Zusammenspiel von Instinkt, Intuition und Erfahrung. Man kann sie auch Ausdruck der „Weisheit des Herzens“ (Pascal) nennen, die Gründe zum Leben weiß, die der Verstand nicht kennt. Sie spricht aus unserer eigenen Tiefe und ist daher „auf unserer Seite“. Wer diese Stimme hört, hört auf sich selbst und wird nicht von Freunden und Fremden bestimmt.
Es gibt keine Anweisung dafür, wie du auf sie zu hören lernen kannst. Hören kannst du sie immer, vor allem dann, wenn du sie hören willst. Sie drängt sich auf, wenn du dich selbst gefährdest. Besonders deutlich aber spricht sie dich an, wenn du mit dir allein bist.

Hören – und nicht hören

Curt Goetz hat einmal gesagt, es gäbe keine Leute, die nichts erlebten, es gäbe nur Leute, die nichts davon merkten.
Mir kommt dazu eine Erinnerung: Ich fuhr mit dem Auto nach Hause. Mein Kopf war mit tausendundeinem Gedanken beschäftigt. Ich fand mich in jener Stimmung, die man nur seinem besten Feinde wünscht. Im Radio spielte irgendeine Musik. Da geschah es:
Ein Melodiebogen verschaffte sich Einlaß in meine Seele, und ich merkte endlich, daß die Musik, die ich schon lange gehört hatte, schön war. Nun aber hörte ich mich *in sie hinein.* Sie berührte mich so tief, daß das, was mich eben noch gefesselt hatte, sich aufzulösen begann. Es war so, als hätte sich die Musik mit mir *selbst* verbündet. Ich wurde anders gestimmt.
Worauf höre ich?
Was läßt mich auf-merken?
Was will ich hören?

Wohin siehst du?

Manchmal stehst du am Strand und siehst nur die Küste, nicht das Meer.
Manchmal stehst du vor dem Tor der Freiheit, du aber rennst immer und immer wieder gegen die Mauer.
Manchmal überschüttet dich das Leben mit kostbaren Juwelen, du aber fixierst dich auf das, was du noch nicht hast.
Manchmal steht dir ein dir wohlgesonnener Mensch gegenüber, du aber siehst nur auf deine Angst vor ihm. Manchmal sagt jemand zu dir: „Ich liebe dich." Du aber denkst nur an den Schmerz, den er dir einmal zugefügt hat.

Es ist besser zu lieben

Es ist besser
zu lieben und dann zu verlieren,
als gar nicht geliebt zu haben.

Wer nicht die Liebe wagt,
gleicht dem,
der den Berg bewundert,
doch ihn nie bestieg,
der die Wellen bestaunt,
doch sich nie von ihnen tragen ließ.

Auf diese Kostbarkeiten
willst du verzichten,
nur weil du
vielleicht
fallen oder ertrinken
oder wegen nicht erwiderter Liebe
dich verzehren könntest?

Mut

Mut, das ist der bewußt einseitige Blick auf die Möglichkeiten, die im konkreten Leben gegeben sind.
Mut, das ist die jedem Menschen im Grunde gegebene Fähigkeit, sich durch die Angst hindurchzuglauben.
Mut, das ist das Gefühl, das sich einstellt, wenn du dich gegen dünnes oder tyrannisches, gegen unlebendiges oder krankmachendes, wenn du dich gegen Leben empörst, das so, wie es ist, nicht sein darf und soll.
Mut, das ist das Gefühl, das sich einstellt, wenn du dich wieder einmal auf dich selbst besinnst und dir bewußt wird, daß du reicher bist als du gedacht hast.

Die Räume wechseln

Müdigkeit steckt an.
Gereiztheit steckt an.
Traurigkeit steckt an.

Heiterkeit steckt an.
Liebe steckt an.
Lebendigkeit steckt an.

Manchmal ist es gut,
von einem in den anderen Raum zu wechseln.

Wind und Geist

Der Wind weht ums Haus. Er säuselt, er pfeift, er stürmt, und manchmal scheint er das große Gebäude sogar wegfegen zu wollen.
Ich sehe ihn nicht, ich sehe nur, was er bewegt.
Ich höre ihn, doch kann ich ihn nicht greifen.
Ich stemme mich ihm entgegen und erlebe seine Kraft, doch fassen, gar erfassen, kann ich ihn nicht.
Der Wind ist da, ist gegenwärtig. Das kann niemand bezweifeln, obwohl ihn niemand sieht.

Der Geist gleicht dem Wind. Auch den Geist sehe ich nicht, ich sehe nur, was er durch mich bewegt.
Mir kommen Ideen, mir kommt die Gewißheit, die Idee durchsetzen zu können, mir kommt die Kraft, sie zu verwirklichen. Ich verwirkliche sie in die Tat.
Der Geist ist da, ist gegenwärtig. Das kann niemand bezweifeln, obwohl ihn niemand sieht.

Der Geist und der Wind – sie kommen aus Räumen, die ich nicht erkenne, sie ziehen zu Räumen, die ich nicht sehe. Jetzt sind sie da, spürbar, fühlbar, mächtig, sind dichteste Wirklichkeit.
Doch fassen, gar erfassen, kann ich sie nicht.

Neue Ein-Flüsse

Es gibt Regentage, an denen eine Landschaft frei ist von Charme und Schönheit. Wenn dann wieder die Sonne scheint, scheint es keine herrlichere Landschaft als diese zu geben. Dabei hat sich von einem auf den anderen Tag in der Landschaft selbst gar nichts verändert.

Es gibt Abende, an denen Menschen einander langweilen, attackieren und zur Weißglut reizen. Dann, an einem anderen Abend, sagt einer von ihnen ein neues, befreiendes Wort, und die anderen sind selbst ganz befreit.

Alles, was lebt, braucht nicht nur sich selbst, braucht immer auch neue und andere Ein-Flüsse.

Auch Menschen können nicht nur aus sich selbst leben. Jeder braucht dann und wann etwas, was für ihn bisher noch nicht vorhanden war: eine neue Idee, ein anderes Wort, einen neuen Menschen, einen anderen Standort.

Bemerke ich, wann es Zeit ist, mich für neue Ein-Flüsse zu öffnen?

Gelingendes Leben ist teuer

Nur wenigen fliegt das Glück zu. Die meisten, denen das Leben gelingt, haben dafür hart gearbeitet. Selbsterkenntnis, Leichtigkeit im Umgang mit Menschen, Freiheit, Freude, Humor, Gelassenheit in schweren Zeiten – wer diese und andere Attribute eines reiferen Menschen leben kann, hat wahrscheinlich auch deren Gegenpol erfahren, erlitten und überwunden.

Pfingsten

Kein Fest ist – verständlicherweise – den Menschen dieser Zeit fremder als dieses, denn Pfingsten handelt vom Geist Gottes, der auf Menschen übertragen wird.
Doch wenn selbst die renommiertesten Hirnforscher der Gegenwart nicht einmal den menschlichen Geist lokalisieren können – wieviel weniger ist jemand imstande, Gott und seinen Geist dingfest zu machen. Der Verstand jedenfalls kann, von seiner Warte aus, den Inhalt eines solchen Festes bestenfalls nur peinlich finden. Der unbewußte menschliche Geist jedoch hat damit wenig Probleme:
Wer sich viel mit Träumen und Imaginationen befaßt, staunt darüber, wie weit und tief und unbegrenzt die innere Welt erscheint. Er staunt auch über die Fülle religiöser Symbole, die auch vor den leidenschaftlich irreligiösen Menschen nicht haltmachen.
Gottes Geist, das ist – in der Symbolsprache der Seele gesagt – jenes Feuer, das Herzen erwärmt und den Horizont öffnet für die Wahr-Nehmung der lebendigen Tiefe des ganzen Seins.

Für sich selbst zuständig sein

Unsere Eltern sind die Ursache unseres Lebens, der Grund sind sie nicht. Vermittelt haben sie uns unser Dasein, geschaffen haben sie es nicht.
Ihren Grund haben Kinder im Leben selbst.
Zwar sind Eltern dafür verantwortlich, wie sie ihre Kinder ins Leben einführen, nicht aber dafür, was diese aus ihrem Leben selber machen.
Wenn wir das doch begriffen: daß wir uns unsere Würde nehmen, wenn wir die Verantwortung für unser eigenes Leben an andere delegieren, daß wir auf unsere Freiheit verzichten, wenn wir die Verantwortung für uns selbst an andere abtreten.
Wenn wir das doch begriffen: daß Eltern Menschen sind, ambivalent so wie die Kinder, die einmal Eltern werden, daß alle Menschen, wie Leben überhaupt, zwei Pole in sich haben: den dunklen und den hellen, und beide Pole zum Menschen gehören, zu Kindern und zu Eltern.
Wer zu verstehen beginnt, welche Gunst und welche Lust darin liegt, sich für sich selbst zuständig zu fühlen, wird zu ahnen beginnen, welche Kraft er sich dadurch entzogen hat, daß er so lange andere für sein eigenes Lebensgefühl verantwortlich gemacht hat.

Nicht die Knochen

Nicht die Knochen, die Sehnen, das Blut,
nicht die Nieren, die Leber, das Herz,
nicht der Körper allein macht den Menschen zum Menschen,
sondern:
Die Freiheit, die Liebe, der Mut,
die Fragen, die gefundenen Antworten und das Gefühl für Sinn,
alles menschliche Empfinden, Fühlen und Handeln
machen den Menschen zum Menschen.

Wenn das so ist: Warum nur erhält dann der Körper mehr Zuwendung als die Seele und der Geist?

Glücklich sein

Nein, es ist nicht die Frau, es ist nicht der Mann, es ist nicht das Kind, es ist nicht die Gesundheit, es ist nicht der Erfolg, es ist nicht das Geld, es ist letztlich nichts Äußerliches, das die Bedingung dafür ist, glücklich sein zu können.
Alles, was uns von außen her begegnet, kann der Stoff sein, aus dem sich das Glück bildet, das Glück selbst ist dieser Stoff nicht.
Glücklich sein kann allein der, der das, was ihm im Leben begegnet, annimmt, aufnimmt, gestaltet, bewahrt und bejaht.

Spiel

Wer dem Kind in sich selbst Gutes zukommen lassen möchte, sollte viel und vielerlei spielen. Womit? Natürlich mit dem, was ihm Spaß macht oder früher einmal Spaß gemacht hat.
Spiel ist leichte Vorwegnahme, Überhöhung, Vertiefung, Nach-Arbeit von Leben in seinen vielfältigsten konkreten Formen. Spiel ist auch gelebtes Märchen, doch Begegnungen mit Märchen sind konkrete Erlebnisse mit Bildern der eigenen Seele.
Spiel ist schmerzhafte und lustvolle Begegnung mit einer bebilderten Wirklichkeit, die mit jedem neuen Spiel wiederholt, verändert oder erneuert werden kann.
Jedes Spiel schafft neue Hoffnungen – und kann sie auch erfüllen.
Spiel ist – vielleicht – die Lieblingsbeschäftigung der Engel.
Wer viel spielt, gewinnt viel Lust am Leben.
Wer viel spielt, übt auf vielfache Weise Leben ein.

Tanz

Wer dem Kind in sich Gutes zukommen lassen möchte, sollte auch viel und vielerlei tanzen. Was denn? Das, was Spaß macht oder früher einmal Spaß gemacht hat.

Tanz ist leiblich-seelisch-geistiger Ausdruck des Menschen. Im Tanz drückt er sich *ganz* aus. Im Tanz lernt er sich also – und manchmal auch andere – kennen. Zugleich jedoch holt der Tanz, der sich eng mit der ihm eigenen Musik verbindet, den tanzenden Menschen aus sich heraus und holt ihn hinein in neue, noch nicht erlebte und erfahrene äußere und innere Bewegungen. Je häufiger er sich so erlebt, desto mehr erfährt er von dem, was er auch – und nicht nur im Grunde – seinem Wesen nach ist. Wer viel tanzt, erweitert spielerisch sein ganzes Leben.

Die Fragen und das Herz

Manche Träume sagen uns Weisheiten, die unser Kopf nie erfinden könnte.

Ein junger Mann, der dazu neigte, zuviel mit dem Kopf erklären zu wollen, berichtete mir zwei Traumszenen:

In der ersten suchte er die Antwort auf eine bestimmte Frage. Er fand sie nicht.

Dann, in der zweiten Szene, erfuhr er die für ihn außerordentlich befreiende Weisheit:

„Es gibt Fragen, die zur Ruhe kommen, wenn man in sein eigenes Herz wandert."

Zorn und Wut

Wenn du Grund hast, auf jemanden zornig zu sein, und die Worte, die auf deiner Zunge zum Absprung bereit sind, allzu lange festhältst, dann nimmst du dem Zorn seine günstige Zeit. Denn der Zorn kann nur dann etwas bewirken, wenn er sich selbst fühlt.
Zorn ist Empörung gegen ein Verhalten, das eine gute Ordnung stört. Empörung richtet den wieder auf, der verletzt wurde, und manchmal sogar die verletzte Ordnung selbst.
Zorn aber, der nicht zur rechten Zeit zur Geltung kommt, verwandelt sich rasch in Wut und kann gefährlich werden. Die Wut richtet sich entweder nach innen und also gegen den Wütenden selbst – oder nach außen, und dann verschießt sie blind ihre giftigen Pfeile.
Wenn du es lernst, zur Zeit – und nicht zur Unzeit – deinen Zorn einzusetzen, dann lernst du nebenbei, dich selbst für dich einzusetzen. Und wenn du das gelernt hast, dann kannst du dich auf dich verlassen, dann traust du dir auch selbst, dann hast du Selbstvertrauen. Dann wirst du auch erfahren, daß andere dich mehr achten. Und schließlich wirst du auch erfahren, daß du in schwierigen Situationen gelassener als sonst beim Namen nennen kannst, was nicht in Ordnung ist.

Ein Jubelgrund

Da ist vor etwa zwei Stunden etwas passiert. Seitdem gehe ich ganz aufrecht. Ich fühle mich beschwingt. Ich pfeife ein Lied vor mich hin. Ich könnte jubeln. Der Ärger von gestern abend ist verflogen. Der Sitzung in einer Stunde, an die ich heute morgen noch mit Unbehagen dachte, sehe ich gelassen entgegen. Ich begrüße den neuen Gast herzlicher als sonst. Das Leben ist schön. Wer wagt, etwas dagegen zu sagen?
Warum ich so bin?
Vor etwa zwei Stunden war jemand für einen Augenblick mein Freund.

Einen Menschen gehen lassen

Warum nur geschieht es immer wieder, daß dann, wenn ein Mensch seinen Weg gehen will, andere da sind, die ihn daran hindern wollen? Sie beschwören die gute gemeinsame Vergangenheit, beschwören die gute gemeinsame Zukunft, klagen Rechte ein, klagen Dank ein, lassen ihrer Wut freien Lauf, lassen sich traurig gehen, zeigen sich enttäuscht, suchen nach Ursachen für sein Verhalten, machen ihm Vorwürfe.

Ob die Freude darüber, was sie von ihm gehabt haben, ob die Freude darüber, daß er seinen weiteren Weg findet, bei den anderen so gering ist?

Ein-Bildungssätze

Manchmal kommen wir mit uns persönlich nicht weiter. Zwar sind wir uns unserer Schwierigkeiten und Fehler bewußt, scheinen sie jedoch nicht überwinden zu können. Wir wissen zum Beispiel, warum wir in der Gegenwart anderer unsicher sind, warum wir uns bedrückt fühlen, warum wir nicht tun, wonach wir uns sehnen. Wir kennen den Zusammenhang zwischen unserer Not und deren Ursache, wir lösen ihn jedoch nicht auf.
Manchmal könnten wir mit uns weiterkommen, wenn wir aufhörten, das „Problemfeld" zu reflektieren, und aus unserer Einsicht einen Ein-Bildungssatz prägten. Einige Beispiele:
Ich vertrete mein Recht.
Ich setze mich durch.
Ich stehe meine Frau/meinen Mann.
Ich sage ja zu mir selbst.
Ich sehe den anderen.
Ich suche das Gute.
Wenn wir unseren ganz persönlichen Satz gefunden haben, können wir ihn aufschreiben und immer wieder lesen, bedenken, befühlen und uns veranschaulichen, uns einbilden und einverleiben.
Je tiefer der Satz von unserer inneren Bildwelt aufgenommen wird, desto intensiver werden jene Kräfte in uns angesprochen, deren Verwirklichung wir uns wünschen.

Juni

Mit Menschen sprechen

Wenn ich mit einem Menschen spreche, kann ich im stillen daran denken, ob ich ihm gefalle, ob er mich für intelligent hält, ob er meine Unwissenheit bemerkt, ob er meine Angst bemerkt, ob er mit mir zu tun haben will, ob er froh ist, wenn er sich von mir verabschieden kann. Wenn ich mit einem Menschen spreche, kann ich um all das kreisen, was ich vielleicht nicht bin oder kann.

Wenn ich mit einem Menschen spreche, kann ich ihm auch zuhören, ihn anschauen, ihn erleben, seine Andersartigkeit erleben, mich für ihn interessieren, die Hoffnung zulassen, daß er auch von mir etwas hören möchte, mir gegenüber offen ist, mir gut ist, sich nicht gleich ein Urteil bildet. Wenn ich mit einem Menschen spreche, kann ich auch einmal zu glauben wagen, daß er mich nicht gleich auf dem Hintergrund meiner schwierigen Vergangenheit ansieht, kann ich ihn im Blick haben und von ihm das aufnehmen, was ich noch nicht erfahren habe.

Es gibt kein besseres Mittel, mit einem Menschen gut zurechtzukommen als dieses: *ihn* verstehen zu wollen.

Die Angst und der Mut

Es war dunkel, und der Wind wehte kalt, als die Angst dem Mut begegnete. Sie dachte, er hätte sie nicht bemerkt, und wollte an ihm vorbeieilen. Da stellte er sich ihr in den Weg. „Wo willst du hin?“ fragte er sie. „Ich weiß es nicht“, entgegnete die Angst, „ich bin auf der Suche nach etwas, was ich nicht kenne.“ „Wo kommst du denn her?“ wollte der Mut wissen. „Auch das weiß ich nicht, ich komme aus Gefilden, die keinen Namen haben.“

Der Mut staunte über diese merkwürdigen Antworten und war zunächst ein wenig ratlos. Es war ihm nicht bekannt, daß irgend etwas ohne Heimat war. Dann sah er hin zu seiner Linken und gab dem Herzen ein Zeichen. So trotzig hatte es ihn lange nicht erlebt. Das Herz jedoch verstand sogleich, und Herz und Mut nahmen, als sie weitergingen, die Angst in ihre Mitte. Der Weg wurde heller, und der Wind verlor seine Kälte.

Von Perlen im Staub

Diese Wohnung werde ich nicht vergessen.
Als kleiner Junge war ich mit meiner Mutter eingeladen. Die Straße, in der wir die Wohnung suchten, war so zerbombt, daß es nicht leicht war, das Haus unseres Gastgebers zu finden. Dann standen wir vor dem Haus: tiefe Einschlaglöcher hatten die Fassade übersät, kein Putz war mehr an den Außenwänden, der Vorgarten nur noch ein Steinhaufen. In dieses schrecklich anzusehende Haus waren wir eingeladen. Alles in mir war Abwehr. Ich wollte zurück.
Dann standen wir in der Wohnung. Noch nie hatte ich bis zu diesem Tage ein solches Schmuckkästchen gesehen. Ich konnte mich nicht sattsehen. Ich erinnere mich noch sehr gut an das warme Rot der Räume. Vor allem jedoch erinnere ich mich an das Staunen über den mir kaum faßbaren Widerspruch zwischen dem Äußeren und dem Inneren.
Ich denke, daß dieses Erleben meine Beziehung zu Menschen mehr geprägt hat als manches kluge Buch. Viel später machte ich während des Studiums ein Praktikum in einer Alkoholikerklinik. Und wieder erfuhr ich, wie wichtig es sein kann, sich vom Äußeren nicht gleich beeindrucken zu lassen. Die Menschen, denen ich dort begegnete, hatten wüste Zeiten hinter sich, und ihre Gesichter spiegelten vieles davon wider. Doch habe ich später nur noch selten so viele herzliche Begegnungen gehabt wie in diesem Tal der im Leben gescheiterten Menschen.

Die größte Stärke?

Kennst du sie, deine größte Stärke?
Wenn du sie nicht kennst, dann weißt du auch nicht, worauf du dich bei dir selbst am meisten verlassen kannst. Was also nennst du deine größte Stärke?
Vielleicht liegt sie in deinem Bemühen um Gerechtigkeit oder in deiner Liebesfähigkeit, vielleicht auch in deinem Gespür für Erfolg oder in deiner Sensibilität.
Denkst du an deine Loyalität oder dein Denkvermögen, an deine Vielseitigkeit oder dein Stehvermögen? Es kann auch sein, daß du die Ausgeglichenheit oder etwas ganz anderes deine größte Stärke nennst.
Wenn du sie kennst, dann wirst du auch – das wünsche ich dir sehr – mehr als bisher dich selbst zu schätzen wissen.

Nur vierzehn Tage

Es ist mir immer wieder unangenehm, einen simpel erscheinenden Hinweis zu geben, obwohl ich weiß, daß er ein Leben verändern könnte.
Wenn du dir vierzehn Tage nacheinander morgens eine Viertelstunde Zeit nähmest und dich auf die Phantasie einließest, welchem Menschen gegenüber du heute aufmerksam und entgegenkommend sein möchtest – du würdest, wenn du deine Phantasie in die Tat umsetztest, Erstaunliches erleben. Dein Gefühl für Leben würde an diesen Tagen ein anderes sein als an vielen Tagen zuvor. Du würdest entdekken, daß du Lust hättest, nicht nur dem einen deine Zuwendung zukommen zu lassen. Und sicher würdest du auch erfahren, daß es weniger unangenehme Zeitgenossen gibt, als du bislang gedacht hast.
Während ich diese Zeilen schreibe, geht mir auf, wie überflüssig meine Entschuldigung am Anfang war. Denn das, worum es geht, ist ein höchst geistvoller Akt. Geistvoll ist jede gekonnte Gestaltung von Leben. Geistvoll lebt jeder, der es wagt, tristes Leben in seiner Umgebung vergnüglicher zu machen. Geistvoll ist jeder, der liebt.
Bevor du nun deine Einwände gegen diese Unternehmung bedenkst – du wirst viele davon finden können –, laß dich auf diesen vierzehntägigen Versuch ein, der dir, wie Khalil Gibran sagen würde, tausend Jahre warmes Leben bringen könnte.

Arrogante Menschen

Vor arroganten Menschen braucht man keine Angst zu haben, und das hat einen Grund. Wären sie nämlich in Wirklichkeit so selbstsicher, wie sie sich zeigen, dann brauchten sie keine arroganten Attitüden. Weil sie jedoch so unsicher sind, verhalten sie sich distanziert und erwecken den Eindruck, als ob sie mit niemandem etwas zu tun haben wollten.

Manche arrogante Menschen wissen das, manche nicht. Die, die es wissen, leiden unter ihrem Verhalten. Sie sehen, was sie anrichten, und möchten doch nichts lieber als Nähe und Wärme und Angenommensein. Die jedoch, die nicht wissen, warum sie so sind, wie sie sich zeigen, erkennen eben nicht, daß sie ihre tatsächlichen Schwächen in scheinbare Stärken umdeuten und sich zu Tugenden „hochglauben", die ihrer Phantasie entsprechen und nicht der Wirklichkeit.

Nein, Angst vor arroganten Menschen braucht man nicht zu haben.

Wie merkwürdig

Wie merkwürdig: Menschen sind vor allem dann anderen gegenüber kritisch, wenn diese sich ihnen gegenüber kritisch äußern.
Wie merkwürdig: Menschen sagen, sie hätten das eine oder das andere völlig verdorben – und werden wütend, wenn man es ihnen bestätigt.
Wie merkwürdig: Große Menschen strahlen, werden weich und zärtlich, wenn sie kleine Menschen sehen. Kleine Menschen strahlen, bleiben weich und zärtlich, wenn sie große und kleine Menschen sehen.
Wie merkwürdig: Menschen trauern, werden gütig und nachsichtig, wenn sie von einem Toten hören. Und auch die Kollegen haben immer schon gewußt, daß dieser tote Mensch im Grunde ein ganz besonderer war.
Wie merkwürdig: Menschen sagen, sie wollten leben – und werden zornig, wenn wir es ihnen zumuten.
Wie merkwürdig: Menschen spotten, lachen und witzeln über Gott. Und dieselben aufgeklärten Menschen falten, wenn auch verkrampft, ihre Hände, wenn ihnen das Wasser bis zum Halse steht.

Wichtiger als deine Freiheit?

Rauchst du zuviel, trinkst du zuviel, übertreibst du etwas so sehr, daß du nicht umhin kannst, dich davon abhängig zu fühlen?
Es gibt viele Formen von Abhängigkeit, es gibt auch solche, die man nicht als solche erkennt.
Keine Sorge, ich bin kein Moralist. Ich habe mit mir selbst zu tun. Ich frage dich nur, ob du das, was du übermäßig tust, brauchst, um dein Leben gut, befriedigend oder sinnvoll finden zu können. Wenn das so wäre – hieße das nicht, daß dein Tabak, dein Wein oder … zu den Hauptsächlichkeiten in deinem Leben gehörte? Hieße das nicht, daß dich kaum etwas anderes mehr beunruhigen könnte als dies, daß dein „Mittel" nicht vorrätig wäre? Wahrscheinlich tust du manches, weil du dich daran gewöhnt hast. Gewöhnung jedoch erlaubt noch ein Stückchen Freiheit …
Vielleicht aber tust du manches auch aus Zwang. Zwang aber verhindert, zunächst jedenfalls, Freiheit. Jetzt weiß ich, was ich dich fragen will: Sag, ist dir klar, daß du einen weiten Teil deiner möglichen Freiheit nicht fühlen kannst, weil du das Objekt deiner Abhängigkeit, deiner Sucht, deines Zwangs in der Tat (!) wichtiger nimmst als deine eigene Freiheit?

Körper und Seele

Unsere Sprache weiß viel von den Zusammenhängen zwischen unserem Körper und unserer Seele. „Ich glaube, ich ersticke“, denken wir z. B., wenn uns in einer Situation beklommen zumute ist und wir uns nicht zu wehren wagen.
„Das darfst du dir nicht so zu Herzen nehmen“, sagen wir jemandem, der sich gegen ein Unrecht nicht empört und über Kreislaufbeschwerden klagt. Jemand „zerbricht sich den Kopf“, weil er ein bestimmtes Problem nicht löst und immer wieder unter Kopfschmerzen leidet.
Ein anderer „ärgert sich (offenbar lieber) ein Loch in den Bauch“, statt einmal kräftig zornig zu werden.

„Das geht mir unter die Haut.“ „Mein Hals ist wie zugeschnürt.“ „Mir dreht sich der Magen um.“ Diese und viele ähnliche Sätze könnten Wegweiser zur Lösung seelischer und körperlicher Probleme sein. Und so manches zermürbende Gespräch über ein Problem wäre überflüssig, wenn wir der Weisheit unserer Sprache mehr Beachtung schenkten.

Krankheit

Das Wort „krank“ kommt bekanntlich von „kränken“.
Uns kränkt manches:
Lieblosigkeit und scharfe Kritik, Unverständnis und Abweisung, ungetrauerte Trauer und ungelebtes Leben, zuviel und zuwenig Streß, angestaute Aggressionen und angestaute Liebe – und manches andere mehr.
Ob unser Gekränktsein allerdings zur Erkrankung führt, hängt wesentlich davon ab, ob wir das, worunter wir leiden, chronisch überspielen oder uns damit in aller Klarheit auseinandersetzen. (Daraus läßt sich natürlich auch der Schluß ziehen, daß weniges gesundheitsfördernder ist als eine Lebensführung mit möglichst wenigen Mogeleien.)

Harmlose Krankheiten

Willy Kramp hat einmal gesagt, es gebe Krankheiten, die man mit einem gewissen Augenzwinkern begrüßen könne. Der Satz gefällt mir gut, weil dadurch manches körperliche Unwohlsein mit dem Etikett „Harmlosigleit“ versehen werden kann. Er fordert uns – vor allem uns Männer – auch dazu heraus, manche Krankheit, die wir Leiden nennen, lieber nicht so zu benennen.

Wer zwischen den von Kramp avisierten Störungen und ernsthaften Krankheiten zu unterscheiden weiß, spart vermutlich viel Kraft für solche Zeiten, in denen er alle Reserven benötigt, um seine Krankheit gut bestehen zu können.

Wer sucht, wird finden

Wer Unangenehmes an einem Menschen sucht, wird es finden.
Wer Liebenswertes an einem Menschen sucht, wird auch dieses finden.
Wer nach Gründen sucht, sich selbst ablehnen zu können, wird sie finden.
Wer nach Gründen sucht, sich selbst annehmen zu können, wird auch diese finden.
Wer Gründe zum Leben sucht, wird sie finden.
Wer Gründe zur Verneinung von Leben sucht, wird auch diese finden.

Freiheit

Freiheit ist mehr als ein Wort.

Freiheit ist etwas besonders Menschliches.
Freiheit ist die in jedem halbwegs gesunden Menschen vorhandene Möglichkeit, sich zu sich und anderem Leben verhalten zu können.

Freiheit ist kein Trieb, sie stellt sich nicht von selbst ein.
Freiheit kann ich erahnen.
Nach Freiheit kann ich mich sehnen.
Nach Freiheit kann ich mich ausrichten.
Die Ahnung von Freiheit kann ich mir näherkommen lassen.
In die Freiheit kann ich mich ein-fühlen.
Das Gefühl für Freiheit kann ich beleben.
Freiheit ist mehr als ein Gefühl.
Freiheit kann ich er-leben.
Freiheit kann ich konkret erleben.
Freiheit ist ein konkreter Lebensvollzug.

Zwänge sind eine Bedingung für die Entwicklung von Freiheit.
Zwänge fordern im besonderen die Freiheit heraus.
Zwänge fordern also das besonders Menschliche im Menschen heraus.

Sichtbares und Unsichtbares

Ist der Wind kein Wind, nur weil ich ihn nicht greifen, ist das Licht kein Licht, nur weil ich es nicht fassen kann? Ist die Freiheit keine Freiheit, nur weil ich sie nicht erklären, ist die Liebe keine Liebe, nur weil ich sie nicht begründen kann?
Auch Gott kann ich nicht greifen, fassen, erklären oder begründen. Ob er deshalb unwirklich ist?
Das Sichtbare ist übersichtlich, das Unsichtbare unübersichtlich. Kann es anders sein? So braucht das Sichtbare einen eigenen Zugang, und das Unsichtbare braucht einen eigenen Zugang. Das kann nicht anders sein.
Der Zugang zum Unsichtbaren, zur Freiheit, zur Liebe, zu Gott und allem, was das menschliche Herz bewegt, beginnt nirgendwo anders als im Herzen selbst. Es öffnet jedoch die Türen zur Erkenntnis dieser Kostbarkeiten nur dem, der es wagt, die scheinbar sicheren Gefilde seiner Gedankenkontrolle hinter sich zu lassen und sich in das weite Feld der Winde zu begeben, die ihn vielleicht dorthin wehen, wohin er nicht will. Doch dann kann es sein, daß er findet, was der Kopf ihm verwehrte und das Herz immer suchte.

Die größte Schuld

Kann es sein, daß es keine größere Schuld gibt als die, sich selbst abzulehnen?
Wenn ich mich selbst ablehne, bin ich mein erster Feind. Dann sind alle anderen Feinde zweitrangig. Wenn ich mir selbst der erste Feind bin, sehe ich vieles, wenn nicht alles, was mich betrifft, mit der Brille des Feindes. Dann aber kann mir mein Leben nur abstoßend erscheinen.
Weil jedoch die Art und Weise, wie wir das Leben insgesamt betrachten, wesentlich davon abhängt, wie wir uns selber finden, wird ein Mensch, der sich selbst ablehnt, auch das ganze Leben ablehnen und es im Grunde abstoßend finden.
Sag, kann es sein, daß es keine größere Schuld gibt als die, sich selbst abzulehnen?

Die Sucht und die Freiheit

Die Sucht stand am Rande der Festgesellschaft. Man hatte sie nicht eingeladen. Doch als der Wind die ersten Melodien zu ihrem Haus herüberwehte, da hatte sie nicht anders gekonnt, als loszulaufen wie ein Kind, das der Musik entgegenläuft. So jedenfalls sagte sie's der Freiheit, die plötzlich neben ihr stand und mit fast aufreizendem Gleichmut den ersten Tänzern zuschaute. Die Freiheit hatte Zeit.
Die Sucht sah mitgenommen aus, sie wirkte verlegen und nötigte der Freiheit Mitleid ab. Deshalb fragte diese die Sucht nicht ohne Wärme: „Was suchst du hier? Man hat dich doch nicht eingeladen." Die Sucht wurde noch verlegener und antwortete: „Ich danke dir, daß du so freundlich zu mir bist und mich sogar ansprichst." „Nun gut", sagte die Freiheit und nahm sich in ihrer Freundlichkeit ein wenig zurück. „Also, was suchst du hier?" Die Sucht, sensibel, wie sie war, hatte rasch begriffen, daß die Freiheit auf Schmeicheleien wenig ansprechbar war, und antwortete deshalb: „Ich suche die Freude."
Die Freiheit legte die Stirn in Falten und tat so, als hätte sie sich verhört: „Die Freude suchst du? Verlogen bist du, denn du suchst nicht die Freude, sondern die Lust, doch nicht die Lust, die meine Schwester ist – du suchst die Lust, die aus dem Haus der Leere kommt." Die Sucht wagte nicht mehr zu widersprechen und entschwand im Zwielicht des Abends in jene Richtung, in der die Leere wohnte.

Verdrängung des Geistigen

Wir haben in diesem Jahrhundert viel davon gehört, wie schädigend es für den Menschen sei, das Triebhafte übermäßig zu verdrängen. Man hat wenig davon gehört, daß der Mensch auch das Geistige verdrängen kann und dadurch wahrscheinlich weit mehr in Konflikte gerät.
Das Geistige verdrängen, bedeutet: bei der Suche nach Glück sich vor allem auf das Triebhafte zu verlassen und auf jene Bedingungen und Strukturen, die nun einmal in der Welt vorhanden sind.
Das Geistige verdrängen, bedeutet: nicht nach innerer Freiheit zu fragen und nicht nach Sinn, nicht nach Verantwortung zu fragen und nicht nach inneren Werten – nach all dem nicht zu fragen, was in besonderer Weise menschlich ist.
Das Geistige verdrängen, bedeutet auch: dann, wenn das Leben schwierig oder leidvoll wird, sich nicht auf sich selbst und den Grund seiner selbst verlassen zu können, sondern jenen inneren und äußeren Kräften ausgeliefert zu sein, die das Gegenbild sind von menschlicher Freiheit und ihren Möglichkeiten.

Von der Macht des Wortes

Worte können uns anstacheln und aufrütteln. Sie können verführerisch für uns sein und uns um-stimmen. Worte treffen uns ins Herz. Sie verschließen oder öffnen uns. Manchmal sind wir von ihnen bewegt oder sogar ergriffen. Sie führen uns auch weiter. Die einen verletzen oder kränken, die anderen erfreuen, erwärmen oder heilen uns. Worte ärgern uns, bringen uns in Wut oder versetzen uns in Zorn. Manche klären Dunkles, andere ziehen uns nieder, die nächsten richten auf, wieder andere beglücken oder berauschen uns sogar. Hin und wieder fällt auch einmal ein erlösendes Wort.
Es gibt Worte, die uns wie ein Keulenschlag treffen. Es gibt Worte, die wie ein reinigendes Gewitter wirken. Und dann gibt es auch jene, die Balsam sind für unsere geschundene Seele.
Worte wirken, Worte wirken sich aus.
Jedes Wort, das aus unserem Munde kommt, wirkt auf andere, wirkt auf uns selbst zurück.
Worte sind Aus-Druck von Leben.
Leben wirkt, Leben wirkt sich aus.

Lieben lernen

Wenn du dir vornimmst, das Lieben zu lernen, dann …

… sieh nicht zuerst auf deine Schwächen
… sieh nicht darauf, was andere sich vornehmen
… laß dir nicht einreden, dein Vorhaben sei eine Illusion
… veranschauliche dir, wie es wäre, wenn du liebtest
… denk an das Lieben, nicht an den Liebesgenuß
… denk an *einen*, den du lieben möchtest, nicht an die ganze Menschheit
… such das Liebenswerte auch an dir selbst
… laß dich selbst lieben
… verweil bei dem, was du siehst
… verweil auch bei dir selbst
… laß sein, was dir begegnet
… laß auch dich selbst sein
… nimm dir nicht vor, ein Künstler der Liebe zu sein
… nimm dir vor, ein Liebhaber der Liebe zu werden.

Wenn du dir vornimmst, das Lieben zu lernen, nimmst du dir vor, das Hauptsächliche zu lernen.

Aussprechen

Es kommt nicht immer darauf an,
daß unser Gegner uns in dem recht gibt,
wovon wir überzeugt sind.
Es kommt jedoch darauf an,
daß wir zu unserer Überzeugnung stehen
und sie dem anderen mitteilen.
Denn wenn wir uns selbst verleugnen in dem,
was für uns selbst wichtig ist,
steht noch ein stärkerer Gegner auf,
um gegen uns zu streiten:
unsere eigene Seele.

Die Verzagtheit und der Geist

Der Geist hatte die Verzagtheit zu sich eingeladen. Nur zögerlich war sie seinem Wunsche gefolgt. Und als sie aus der Ferne sein herrschaftliches Haus sah, wäre sie am liebsten umgekehrt.
Der Geist empfing sie freundlich, verzichtete jedoch auf die üblichen Artigkeiten. Er führte sie in den Salon und begann das Gespräch. Er interessierte sich sehr für das, was sie dachte und tat, vermied jedoch, ihr Ratschläge zu geben. Das gefiel der Verzagtheit, so daß sie schließlich auch ihm eine Frage zu stellen wagte: „Was, verehrter Geist, müßte ich tun, damit ich so wäre wie du?“ Der Geist lachte laut auf, zu laut vielleicht, denn die Verzagtheit senkte ganz rasch ihren Kopf. Der Geist tat so, als hätte er ihr Erschrecken gar nicht bemerkt, und sagte: „Nun, zunächst einmal: Du bist doch du, du bist so, wie du bist, und du gehörst zu uns. Das soll so sein. Warum also solltest du so sein wie ich?“ „Ja, aber“, entgegnete sie, durch diese freundlichen Sätze wieder ein wenig ermutigt, „ich mache doch dem Menschen immer aufs neue Unannehmlichkeiten.“ „Gewiß“, antwortete der Geist, „das mag schon sein, doch bedenkst du das eine nicht: Häufig bin ich nur dann stark, weil du mich brauchst. Ich brauche dich, wie du mich brauchst.“ Es wurde sehr still im Salon des Geistes, denn beide waren damit beschäftigt, diesen erstaunlichen Sachverhalt auf sich wirken zu lassen.

Sommer

Aus der Erde, aus den Pflanzen, aus den Bäumen, von oben, von unten, von allen Seiten strömt der Sommer ins Land, strömt auch in mein Herz.
Die Wärme, die der Sommer ausstrahlt, kommt aus der Mitte des Lebens, das Licht, das er mit sich bringt, kommt auch daher.
Alles, was lebt, tut sich weit auf, kann sich öffnen, weil Wärme und Licht noch niemals Leben verletzten.
Und dann die Gefühle der Freiheit, die der Sommer aus den verdunkelten Falten der Seele zutage fördert! Die Gefühle der Freiheit für Leben in all seinen nicht zählbaren Formen!
Nein, ich will heute nicht daran denken, daß der Sommer einmal vergehen wird. Dächte ich daran, dann fiele ich aus meiner Zeit heraus, dann wehrte ich die Gunst dieser prallvollen Gegenwart ab, dann wischte ich schnöde die Wärme weg, das Licht und meine eigene Liebe zum Leben.

Das eine wirkliche Problem

Vielleicht gibt es nur ein wirkliches Problem im Leben. Vielleicht gibt es nur einen wirklichen Grund, daß wir so wenig glücklich sind. Vielleicht gibt es nur eine wirkliche Quelle, aus der das Schwere fließt, das unser Dasein immer wieder neu eindunkelt. Vielleicht ist dieses eine tiefe Problem unser Mangel an Gefühl für die Kostbarkeit des Lebens, des großen, ganzen Lebens ebenso wie unseres eigenen.

Vielleicht sähe alles wirklich anders aus, wenn wir – mehr als bisher – sähen, fühlten, schmeckten, erkennten, verstünden, begriffen und uns tief davon berühren ließen, wie kostbar Leben ist: das eigene und das fremde, das menschliche und das andere, das sichtbare und das unsichtbare, das dunkle und das helle, die Erde und der Himmel, das ganze lebendige Leben.

Doch weil wir dieses ganze lebendige Leben so selbstverständlich nehmen, als *wäre* es eine Selbstverständlichkeit, gleicht diese ganze hell-dunkle Herrlichkeit nur einer Landschaft, die im Nebel liegt, einer Musik, die aus dem Tal zum Gipfel weht, einer Liebe, die nur von Worten lebt. Wer fühlt, wie kostbar Leben ist, wird immer mehr „ja“ sagen, zum ganzen Leben, zu allem, was von ihm bei ihm ankommt. Er wird jedoch auch „nein“ sagen, ein leidenschaftliches „Nein“ sagen zu allem, was dieses Leben zu entwerten und niederzuziehen droht.

Verzweiflung

Es ist riskant, einen Wert zu verabsolutieren.

Wer z. B. meint, nicht ohne diesen einen Menschen, nicht ohne diese eine Aufgabe, nicht ohne diese eine Anerkennung, nicht ohne Gesundheit, nicht ohne Haus, nicht ohne Freunde etc. leben zu können, hängt sein Herz an dieses Eine und macht etwas Irdisches zu Göttlichem.
Wenn einem solchen Menschen jedoch dieses Eine, ohne das ihm sein Leben nicht zu gelingen scheint, verlorengeht, stürzt für ihn die ganze Welt zusammen. Er gerät in Verzweiflung.
Leben geht so nicht, daß wir unser Herz an etwas hängen könnten, was sterblich ist wie wir selbst.

Ungelebtes Leben

Seitdem ich das Wort „ungelebtes" Leben zum ersten Mal bewußt aufgenommen habe, läßt es mich nicht mehr los. Es beunruhigt mich, es läßt mich hoffen. Es löst in mir Melancholie aus, es fordert meine gute Sehnsucht heraus. Es lähmt mich, es macht mich hellwach. Vor allem aber fordert es mich heraus zum Leben.

Ungelebtes Leben?

Wer kann denn schon *alles* leben? Sind wir nicht alle unvollkommen? Waren und sind die Umstände nicht tatsächlich ungünstig?

Diese und ähnliche Fragen sind, glaube ich, Stimmen jener Kräfte in uns, die dazu beigetragen haben, daß mehr ungelebtes Leben in uns ist, als uns guttut. Diese Stimmen gehören den Saboteuren in uns, die so wenig von der „Gunst zu leben" wissen. Sie gleichen dem Dorngebüsch, das sich über junge Pflanzen ausbreitet und sie zu ersticken droht.

Sie berufen sich auf ihre Erfahrungen mit Leben, sie verweisen auf die konkrete und allgemeine Not in der Welt und haben scheinbar alle Argumente auf ihrer Seite. Und trotzdem sind gerade sie es, die die Aus-Breitung von Leben verhindern, vor allem des eigenen. Und sie unterschlagen, was Lebenserfahrene wissen: daß nichts sich wiederholen muß, jedenfalls dann nicht, wenn sich ein Mensch empört gegen das alte, vertrocknende Leben.

Mit dem Verborgenen rechnen

Kein Mensch sieht im Ausleben der Aggression das höchste Glück auf Erden. Deshalb wird derjenige sich einen Zugang zu einem aggressiven Menschen bewahren, der ihm zwar widersteht, ihn jedoch mit seiner Aggression nicht gleichsetzt.
Kein Mensch ist ohne Sehnsucht nach Frieden, nach Wärme, nach Zuwendung, und sei es ihm noch so verborgen. Deshalb wird der, der einem anderen zugewandt begegnet, in ihm vielleicht etwas auslösen, was zu seinem Besten gehören könnte.
Jeder von uns ist immer „mehr“ als das, was er nach außen hin zeigt.

Das gefürchtete Ereignis

Übermorgen ist also der Tag, an den du schon lange mit Unbehagen denkst. Du fühlst dich unbehaglich, weil du nicht sicher bist, wie du das, was dir bevorsteht, meistern wirst. Ich kann dich gut verstehen, denn auch ich kenne zur Genüge solche Tage. Seit einiger Zeit allerdings greife ich auf ein altbewährtes Mittel zurück. Das hilft.

Punkt eins: Wenn übermorgen „der“ Tag ist, kann ich heute und morgen noch ganz sicher sein, daß ich an diesen beiden Tagen ungefährdet bin. Also kann ich mich dem in Seelenruhe zuwenden, was ansteht.

Punkt zwei: In dem Maße, in dem ich mich heute und morgen dem zuwende, was ansteht, vermindere ich die berechtigte Erwartungsangst und gehe weniger angstbesetzt in den Tag X.

Punkt drei: Je weniger angstbesetzt ich in diesen Tag gehe, desto mehr steigen die Chancen, daß ich das, worum es geht, auch meistern werde.

Und im übrigen: Selbst wenn das Ereignis, an das ich gar nicht gerne denke, schon in wenigen Stunden eintreten wird, kann ich ebenso mit mir verfahren, denn: Leben findet jetzt statt, nicht gestern, nicht gleich oder übermorgen, sondern jetzt.

Goldener Mittelweg?

Die häufig gehörte Empfehlung, man solle im Leben den „goldenen Mittelweg“ gehen, ist ein Trugschluß. Wenn wir auf dem Bürgersteig versuchen, auf einer Linie einen Schritt vor den anderen zu setzen, so werden wir nach wenigen Metern diese Art des Gehens nicht nur anstrengend finden, wir werden auch an unserem Unternehmen scheitern.

Verlagern wir jedoch während des Gehens den Schwerpunkt einmal auf das rechte, das andere Mal auf das linke Bein, dann können wir der Linie folgen. Wir bewegen uns zwar in Schlangenlinien jeweils nur seitlich von ihr, aber wir folgen ihrer Richtung.

Mit dem Leben ist es nicht anders. Leben verläuft mal links, mal rechts, es verläuft polar, kaum geradlinig. Leben tendiert zur Freude und tendiert zur Trauer, ist manchmal ganz Freude, manchmal ganz Trauer, tendiert zur Verzweiflung und tendiert zur Hoffnung, ist manchmal ganz Verzweiflung, manchmal ganz Hoffnung.

Es kommt darauf an, sich immer wieder bewußt zu machen, daß unser ganzes Leben polar verläuft, und sich immer neu zu vergegenwärtigen, welchem der beiden Pole wir mehr Beachtung schenken sollten.

Einstellung zum Leben

Nein, es wird, solange wir leben, kein Paradies auf Erden geben.
Immer wieder wird uns ein Mensch über den Weg laufen, der uns verletzt. Immer wieder wird ein Brief in unserem Kasten liegen, der schwer verdaulich ist. Immer wieder wird die Angst Anlässe suchen, die uns aus dem Land der Lust vertreiben. Nein, die Welt da draußen wird sich nicht verändern.

Ändern jedoch können wir unsere *Einstellung* zum Leben.
In welcher Weise?
So, daß wir den hellen Passagen unserer Zeit
immer aufmerksamer begegnen,
sie so weit wie möglich aus-leben
und immer williger das Dunkle in unseren Zeiten
auf das hin befragen,
wozu es da ist, dasein kann, dasein muß.

Alles, dem wir begegnen, das Helle wie das Dunkle, ist eine *Herausforderung zum Leben*!

Änderung der Lebenseinstellung

Es gibt keine wirkliche Änderung der Lebenseinstellung ohne Änderung der eigenen Persönlichkeit.
Es gibt keine Änderung der eigenen Persönlichkeit ohne leidenschaftliches Fragen nach dem Wofür der Änderung. Es gibt keine Antwort auf die Frage nach dem Wofür der Änderung ohne den Glauben an die Sinnhaftigkeit von Leben.
Es gibt keinen Glauben an die Sinnhaftigkeit von Leben ohne die Suche nach Sinn.
Es gibt keine Suche nach Sinn ohne Entscheidung für die Suche nach Sinn.
Es gibt keine Entscheidung für die Suche nach Sinn, wenn wir uns vom Leben nicht berühren lassen, vom ganzen heranströmenden Leben.

Juli

Demnächst

Demnächst werde ich bestimmt …

… *das* Gespräch suchen
… *dem* mal meine Meinung sagen
… mal zum Arzt gehen
… mal wieder ins Theater gehen
… mal wieder die Freunde sehen
… mal endlich das Buch lesen
… mal über das eine oder andere nachdenken
… mal kürzer treten
… mal faulenzen
… mal richtig leben

und vielleicht auch sterben.

Eine merk-würdige Geschichte

Vor vielen Jahren machte eine Frau eine Flugreise über Südafrika. Sie hatte Angst, erhebliche Angst, nicht wegen des jungen schwarzen Mannes, der neben ihr saß, sondern deshalb, weil ihr wieder einmal das wenig gesicherte Dasein hoch über den Wolken bewußt wurde. (Ich konnte sie gut verstehen, als sie diese Geschichte erzählte.) Auf verschiedene Weise versuchte sie, mit ihren höchst unangenehmen Gefühlen und Phantasien fertigzuwerden, als sich die schwarze Hand ihres Nachbarn auf die ihre legte. Die Frau war tief gerührt und bewegt angesichts der Sensibilität ihres Mitreisenden, der ihr offenbar handfesten Zuspruch zuteil werden lassen wollte. Dankbar wandte sie sich ihm zu – und sah die zahllosen Angstperlen auf seinem unglücklich wirkenden Gesicht. Sie war auf der Stelle kuriert, er war auf der Stelle kuriert, denn die Frau lachte laut los und nahm den perlenden Mann in ihr Lachen mit hinein.

Ich finde diese Geschichte so beglückend, weil sie einerseits die angstlösende Kraft des Lachens auf eindrucksvolle Weise dokumentiert, und sie andererseits wieder einmal veranschaulicht, daß unsere Angst den Anschluß an ihre Quelle verliert, wenn wir ihr unsere Zuwendung entziehen. Denn je weniger wir auf unsere Angst sehen, desto mehr fühlen wir – und das kann vor allem im Flugzeug wichtig sein – (wieder) seelischen Boden unter den Füßen.

Mangel an Konzentration

Du bist nicht konzentriert, sagst du. Du möchtest Techniken erfahren, um konzentrierter sein zu können.
Es gibt solche Techniken, aber sie halten – in aller Regel – nicht das, was sie versprechen.
Wer sich nicht gut genug konzentrieren kann, lebt zuwenig aus seinem eigenen Zentrum. Er lebt zuviel in, mit und von solchen Dingen, die ihm – im Grunde – fremd sind und ihn gedanklich dorthin führen, wohin er gar nicht will. So kommen seine Gedanken nicht zum Ziel, sie werden zerstreut.
Von welchen störenden Dingen ich spreche?
Die Frage wirst du für dich selbst beantworten müssen. Vielleicht weichst du chronisch aus, vielleicht kommt eine bestimmte Sehnsucht nicht zur Ruhe, vielleicht nimmst du täglich viel zu viele Bilder auf, die dein eigenes Zentrum gar nicht sehen will.
Jedenfalls ist Mangel an Konzentration für dich ein Anlaß, danach Ausschau zu halten, was dich aus deiner Mitte zieht.

Mensch und Tier

Manchmal hebt mein Pferd den Kopf, wird unruhig und will ausbrechen, weil es Gefahr wittert. Und meistens erfahre ich nicht, wovor es scheut.
Manchmal werde nur ich unruhig, weil ich Gefahr wittere. Dann treibe ich mein Pferd an, um so rasch wie möglich sicheres Gebiet zu erreichen. Dann ist es irrtiert und weiß nicht, warum ich mich so gebärde.
Wie unterschiedlich doch das, was lebt, Leben erfährt! Manchmal gehe ich ganz ruhig auf mein Pferd zu, wenn es unruhig ist. Dann weiß ich, daß es gleich seine Unruhe ablegen wird.
Manchmal gehe ich unruhig auf mein Pferd zu, das ruhig auf mich wartet. Dann weiß ich, daß es mich gleich in seine Ruhe mit hinein nehmen wird.
Wie ähnlich doch das, was lebt, auf Leben reagiert!

Den Geist wieder aus-füllen lassen

Manchmal können wir nur noch wenig oder gar nichts mehr von uns aus tun. Wir sind „einfach ausgelaufen". Körperliche Erschöpfung kann dafür der Grund sein, seelische Erschöpfung ebenso, z. B. dann, wenn wir längere Zeit unter großen Spannungen leben mußten.
Es gibt auch ein geistiges Erschöpftsein. Die Gedanken kommen nicht mehr flüssig. Die Phantasien stellen sich nur noch zögerlich ein. Die Intuition verläßt uns. Wir sind entscheidungsschwach, wissen nicht einmal mehr, wofür oder wogegen wir uns entscheiden möchten. Der Geist ist „trübe geworden". Er kann uns nicht mehr beleben.
Wenn ich mich in einer solchen Zeit befinde, dann tun mir Sätze gut von Menschen, die das Leben kennen.
Ich lese nicht viel, bleibe bei dem, was mir gefällt und mich berührt. Ich lasse die Sätze auf mich ein-wirken wie eine Salbe auf kranke Haut. Ich lese nichts, was nur mein Denken strapaziert, lese lieber Weisheiten, die meine Gedanken und meine Gefühle be-einflussen.
Ich lasse mich beschenken, bereichern, wieder ausfüllen von dem, was ich mir selbst in dieser Zeit nicht sagen und nicht geben kann.

Nur ein Traum

Der Traum eines erfolgreichen Mannes:
Er sieht sich in seinem eigenen Herzen. Er staunt über dessen Schönheit. Er legt sich nieder, streckt sich aus und freut sich über die Wärme, die ihn umgibt.
Hier mag er sein.
Da öffnet sich die Tür. Eine traurige Gestalt kommt herein. Sie ist verwirrt, denn mit dem erfolgreichen Mann hat sie nicht gerechnet.
Da fragt er sie, was sie hier wolle. Die traurige Gestalt zögert einen Augenblick, dann sagt sie, ein wenig verlegen: „Ich bin die Traurigkeit. Ich bewache dein Herz in den Zeiten, in denen du nicht bei dir zu Hause bist."

Die Freude und der Ärger

Die Freude begegnete dem Ärger, der noch finsterer als sonst aussah. Mitfühlend erkundigte sie sich nach seinem Befinden. Mürrisch entgegnete er: „Was soll die Frage? Kein Tag vergeht, an dem mir nicht irgend jemand übel mitspielt. Ich mag das Leben nicht. Und also geht es mir nicht gut. “
Die Freude zog sich, ohne daß sie es selbst bemerkt hätte, einen kleinen Schritt zurück. Dann wagte sie den Satz: „Wenn du *das Leben* nicht magst, erwartest du dann, daß das Leben *dich* mag?“

Gott finden

Solltest du fragen, wie ein Mensch Gott finden kann, dann bringst du mich in Verlegenheit. Ich weiß darauf keine Antwort, jedenfalls keine, die dich befriedigen würde. Gott ist für uns zu nah und gleichzeitig zu fern, als daß wir Wege zu ihm beschreiben könnten.
Mit dem Glauben ist es wie mit der Liebe. Beide lassen sich nicht machen. Die Liebe *begegnet* uns, der Glaube auch. Trotzdem: Wenn uns die Liebe begegnet, dann nur, wenn wir ihr entgegenkommen und sie suchen. Das gleiche gilt auch für den Glauben.
Alles, was groß ist im Leben, läßt sich nicht greifen und fassen. Und doch zeigt es sich, wenn wir uns für die Begegnung mit ihm offenhalten.
Es gibt also keine Hilfen, Gott zu finden?
Doch.
Die Stille suchen, denn in den Tiefen der eigenen Seele läßt Gott sich finden.
Lieben, selber lieben, denn in der Liebe zeigt sich Gott. Überwinden, was dich selbst an deinem ureigenen Leben hindert, denn Gott begegnet dir nicht im Dunst.
Menschen fragen, die Erfahrung mit Gott haben, doch wende dich von Menschen ab, die dich belehren wollen. Hör eher auf jene, die nicht viel zu sagen haben, denn nicht selten sind sie es, die dir viel mitteilen.

Gott fühlen

Wie fühlt ein Mensch Gott?
Wenn ein Mensch Gott fühlt, erlebt er etwas, was für ihn mit keinem Erlebnis vergleichbar ist. Deshalb fühlt er auch sich selbst so wie in keiner anderen Situation. Das ist so, weil Gott selbst mit nichts im Leben vergleichbar ist.
Wenn ich trotzdem nach einem Vergleich suche, dann finde ich ihn am ehesten im Gefühl eines Kindes, das auf dem Schoß der Mutter sitzt und sich geborgen fühlt – und nichts, aber auch gar nichts anderes braucht und will und wünscht als diese Gegenwart und Nähe, diese eine Hauptsache.
Wenn ein Mensch Gott fühlt, erlebt er sich abhängig wie sonst nie im Leben und doch zugleich frei wie sonst nie. Er fühlt, daß gerade sein totales Angewiesensein auf ihn ihm jene Unabhängigkeit in seiner Welt verschafft, nach der er sich so lange sehnte.

Hügel und Gebirge

Ob die Berge wohl so hoch sind, wie sie dir erscheinen? Wenn ich auf „meiner“ Insel am Strand ostwärts wandere, sehe ich in weiter Ferne Berge, die mir nicht weniger hoch erscheinen als jene, die sich mir zeigen, wenn ich ins Alpenvorland hineinfahre. Der Unterschied besteht jedoch darin, daß die Langeooger „Berge“ in Wirklichkeit vielleicht dreißig Meter hoch sind, jene im Vorland der Alpen gewiß höher. Daß das Langeooger „Bergland“ nichts anderes ist als eine etwas höhere Düne, ein kleiner Hügel, erkenne ich jedoch erst, wenn ich in seine Nähe komme.
Vielleicht hast du zur Zeit zwei Probleme, die dir sehr zu schaffen machen. Kann es sein, daß wenigstens eins von ihnen Hügel-Charakter hat?

Volles Leben

Das wäre volles Leben: alles, was ist, was war und was kommt, anzunehmen – in allem nicht nur irgendein, sondern *mein* Leben zu sehen –, in allem, was mir begegnet, Möglichkeiten zu suchen, die mich berühren und lebendiger machen könnten – in allem Sinn zu ahnen. Das wäre volles Leben: nicht ständig woanders als hier und jetzt nach Glück zu fahnden, an diesem Tag, in dieser Stunde sich des Sinns und des Glücks bewußt zu sein, vor nichts mehr auszuweichen.

Was wäre denn die Alternative? Auszugrenzen, abzusondern, auszuscheiden, wegzuwerfen, was nicht zu unseren Vorstellungen zu passen scheint – und was wir vielleicht dringend brauchten, um eine bunte und kraftvolle Persönlichkeit werden zu können.

Mit tiefer Genugtuung lese ich immer wieder die Sätze Christiane Singers in ihrem mitreißenden Buch über die „Zeiten des Lebens“:

„Vor nichts mehr packt mich der Widerwille. Das Tragische, das Scheitern, die Melancholie, der Tod sind die siamesischen Zwillinge des Glücks, der Gesundheit, des Jubels und des Lebens. Sich nur eines davon auszusuchen, ist nicht möglich. Man muß *alles* nehmen.“

Von sich auf andere schieben und – zurück

Ein Junge will surfen. Ein wunderschönes Brett steht ihm dafür zur Verfügung. Doch die Tücken des Objekts hindern ihn, in den Genuß des Wellenreitens zu gelangen. Er ist Anfänger.
Er schimpft, tobt, hämmert auf das Holz ein, stößt es von sich. Menschen schauen ihm aus einiger Entfernung zu, auch sein junger Lehrer. Nachdenklich betrachtet er die Anwandlungen seines Schülers. Erst nach einiger Zeit geht er auf den Tobenden zu, und der schreit ihm entgegen: „Dies blöde Ding!" Der Lehrer sagt, in ruhigem Ton: „Nicht das Ding ist blöd, du bist es. Das Ding kann gleiten, du kannst es nicht." Und nach einer Pause: „Du hast so viel Kraft! Wenn du diese Kraft nicht in deine Wut, wenn du sie in deine Arbeit stecktest, du würdest bald über die Wellen gleiten wie ein junger Gott."
Der Junge schweigt, setzt sich aufs Surfbrett, denkt nach, nimmt nach einiger Zeit sein „Ding" und gleitet über die Wellen, zwar noch nicht göttlich, jedoch als Anfänger erfolgreich. Und auf seinem Gesicht schält sich ein Grinsen aus der Scham heraus.

Sinn

Sinn ist das in meinem Leben …

… was mir hier und jetzt das Wichtigste ist.
… was mich hauptsächlich und unmittelbar angeht.
… was mein Herz höher schlagen läßt.
… woran ich mein Herz hängen kann.
… was mich aus-wärmt.
… was mich aus-füllt.
… wodurch ich mit mir eins bin.
… wofür ich leben will.

Kein Mensch kann Sinn für einen anderen finden. Jeder findet ihn nur für sich selbst. Denn jeder Mensch ist anders als der andere, ist einzig-artig und unverwechselbar.
Sinn kann ich nicht machen, ich kann ihn nur suchen. Und ich kann ihn suchen, weil er im Leben vor-handen ist. Daß Sinn im Leben vorhanden ist, erfahre ich erst, wenn ich ihn gefunden habe. Er zeigt sich nie im voraus, so wie ich auch die Liebe, die Freiheit, die Hoffnung und alle anderen spezifisch menschlichen Dinge nie im voraus erfahre, sondern immer nur dann, wenn ich sie er-lebe. So kostbar ist der Sinn und alles, was ihn füllt, daß ich ihn nur finde, wenn ihn mein ganzer Mensch sucht.

Zehn Leitsätze zur Sinnfindung

1. Weil der Mensch ein Wesen ist auf der Suche nach Sinn, ist bereits jedes Suchen nach Erweiterung oder Vertiefung von Leben ein sinnvoller Akt.
2. Wer sich an altes, gelungenes Leben erinnert, weckt in sich das Gefühl für Sinn und das Bedürfnis nach neuem, frischem Leben.
3. Wer Sinn sucht, muß ihn mit Leib, Seele und Geist suchen – und sich fragen, was ihn leiblich, seelisch, geistig in seiner Sinnsuche oder Sinnverwirklichung behindert.
4. Die Stille ist der Ort, an dem ein Mensch am ehesten spürt, wer er ist, was er braucht und welche Wege für ihn sinnvoll sein könnten; in der Stille erschließt sich ihm seine innere Welt.
5. Träume sind Sinn-Lotsen. Sie weisen den Weg zu den Orten, an denen Sinn gefunden werden kann.
6. Das, was uns hier und heute an Lebensmöglichkeiten begegnet, ist der Stoff, aus dem sinnvolles Leben entstehen kann.
7. Wenn ich sage, was ich meine, und tue, was ich sage, bin ich bei mir und beim anderen und mitten im Leben.
8. Die tiefste Sinnerfahrung erlebt, wer selber liebt.
9. Teilnahme am konkreten Leben ist die Bedingung der Möglichkeit für Sinnfindung.
10. Man darf auch einmal müde sein und darauf warten, daß sich das Bedürfnis nach Sinn und die Phantasien für Sinn von selbst wieder einstellen.

Jede Krise ist eine Gunst

Ich habe viele Jahre gebraucht, ehe ich diesen Satz zu sagen wagte – nach vielen tausend Gesprächen mit Menschen verschiedenster Art. Dabei denke ich allerdings nicht an jene Krisen, in die Menschen durch offenkundig sinnloses Verhalten anderer geraten sind.

Jede Krise ist eine Gunst, damit meine ich:

Jede Krise ist das Fieber der Seele, das auf innere Entzündungen aufmerksam macht.

Jede Krise ist das Leiden der Seele, die ihren Sinn nicht hinreichend fühlt und auf sinnvolles Leben drängt.

Jede Krise ist Ausdruck von ungelebtem Leben, das darauf wartet, aus-gelebt zu werden.

Jede Krise ist eine Herausforderung zum Leben.

Jede Krise macht auch deutlich, daß ein Mensch immer „mehr“ ist als sein Problem.

Größer als die Angst

Zwei Szenen am Meer, die ich nicht vergessen werde: Die Mutter genießt die Brandung. Sie wirft sich in das aufschäumende Wasser und kreischt vor Vergnügen. Er, eineinhalb Jahre alt, stochert seelenruhig mit seiner kleinen Schaufel am Strand im Sand herum. Da blickt er auf, sieht seine Mutter und läuft ihr tolpatschig entgegen. Die erste kleine Welle überspült seine Füßchen. Er bleibt unsicher stehen. Dann erblickt er das lachende Gesicht der Mutter, geht weiter – und scheitert an einer etwas höheren Welle, die ihn umwirft. Er steht auf, sieht wieder in das lachende Gesicht der Mutter und landet schließlich wohlbehalten in ihren kräftigen Armen.
Die andere Szene: Ein etwa zehnjähriger Junge baut am Strand um seinen Dackel herum eine Sandburg. Der Hund bleibt sitzen, scheint frei von jeder Angst zu sein, obwohl sich allmählich der Kreis um ihn schließt. Doch während des ganzen Bauunternehmens schaut er unverwandt auf seinen kleinen Herrn, und der schaut ihn an, ganz liebevoll, und spricht mit ihm.
Wir brauchen etwas oder jemanden, auf das oder den wir sehen und dem wir vertrauen können, wenn die Wellen des Lebens uns umwerfen oder Mauern, die wir nicht wollen, sich um uns schließen. Vieles, wenn nicht alles, können wir ertragen, wenn wir Größeres kennen als die Angst. Es kann sein, daß die Frage danach die wichtigste aller Fragen ist.

Was wäre, wenn

Was wäre, wenn du heute ...

... das meiste in Ruhe machtest?
... mit dir und anderen geduldiger wärest?
... weder dich noch andere anklagtest?
... auf das achtgäbest, was dir und anderen gelingen wird?
... dir Zeit für jemanden nähmest, der mit dir sprechen möchte?
... dir Zeit nähmest für dich selbst?
... einmal etwas Unvernünftiges machtest?
... abends vor dem Schlafengehen wieder einmal hochschautest zu den Sternen?

Genug ausgelebt?

Nein, du könntest mehr vom Leben haben.
Nein, du könntest draufgängerischer sein.
Nein, du könntest geduldiger mit dir sein.
Nein, du weißt nicht, was du an dir hast.
Nein, du weißt nicht, was dir fehlt.
Nein, du weißt nicht, wer du bist.
Nein, du liebst das Leben nicht genug,
Nein, du haßt das Tote im Leben nicht genug.
Nein, du suchst das Gute im Leben nicht genug.
Nein, du kennst deine innere Welt nicht genug.
Nein, du resignierst zu schnell.
Nein, du kapitulierst zu schnell.
Nein, du wirfst dein Leben zu schnell weg.

Nein, du sagst zu viel Nein zum Leben.

Beschenkt werden

Während ich diese Zeilen schreibe, bin ich am Meer. Bei Ebbe wandere ich über den fast trockenen Meeresboden weit hinaus zu den Sandbänken, wandere auf ihnen hin und her, spiele mit dem Wasser, das sich so weit zurückgezogen hat. Und immer fällt es mir schwer, vernünftig zu sein und vor der wieder andringenden Flut rechtzeitig zum Strand zurückzugehen.
Es ist die Urlandschaft, die mich gefangennimmt. Es sind die nicht zählbaren verschiedenartigen Formen, die mich ins Staunen bringen. Es ist die Einfachheit der Formen, die auch mein Denken einfach macht. Es ist die große Stille, die auch mich still werden läßt.

Alles, was ur-sprünglich ist, ist für die Seele heilsam. Alles, was einfach ist, berührt den ganzen Menschen. Alles, was lebendig ist und trotzdem still, führt uns wieder zu uns selbst.

Schicksal?

Wenn du mit deinem Partner
nicht offen reden kannst –
wenn du deinem verhaßten Mitarbeiter
nicht klar sagst, was du denkst –
wenn du die von dir selbst gehaßte Angewohnheit
nicht sein läßt –
ist das dann Schicksal?

Wenn du einen Tag wie den anderen verbringst
und du darunter leidest –
wenn du den Sinn bislang nicht gefunden hast
und du nicht weiter nach ihm suchst –
wenn du in deiner Not nicht den aufsuchst,
der sich in Nöten auskennt –
ist das dann Schicksal?

Wolkenfest

Heute ist Wolkenfest unter blauem Himmel. Die Wolken drehen und wenden sich sacht im Kreis, sie tanzen ihren Lieblingstanz. Sie berühren einander und schweben wieder fort, sie grüßen den Süden und necken den Westen. Sie suchen Spiele, immer neue Spiele, um sich zu erfreuen und zu ergötzen. Und über ihnen spielt ein Orchester die Wolkenmelodie.

Die Wolken, sie lieben das Leben – und zeigen es uns.

Schläft ein Lied in allen Dingen

„Schläft ein Lied in allen Dingen,
die da träumen fort und fort,
und die Welt hebt an zu singen,
triffst du nur das Zauberwort.“ (v. Eichendorff)

In allen Dingen?
Und welches wäre das Zauberwort?
Als junger Mensch ging ich mit einem Freund an einem schönen Sommertag spazieren. Wunderschöne weiße Wolkenberge türmten sich über uns auf. Ich zeigte auf sie, woraufhin der Freund nur lakonisch sagte: „Das sind Kumulus-Wolken.“ Noch heute spüre ich den Anflug eines Schmerzes, den dieses Wort in mir auslöste.
Ein Stein ist nicht nur Stein, Wasser nicht nur Wasser, die Blume nicht nur Blume, der Hund nicht nur Hund, der Mensch nicht nur Mensch. Stein, Wasser, Blume, Hund und Mensch sind Aus-Druck des Lebens, und das – jedes für sich – in besonderer Art.
Alles, was ist, ist Leben, ist „schwingende Energie“, und also mit allem anderen Leben verbunden, eigenartig zwar und doch verwandt mit jeder Lebensart.
Was also ist das Zauberwort?
Die Liebe, das Wohl-Wollen zu jedwedem Leben, denn die Liebe allein erahnt oder sieht das Wesen der Dinge, das nie an deren Oberfläche liegt, sondern immer nur in deren Mitte.

Unvernünftiges Tun

Wie wäre es, wenn wir einmal im Monat oder einmal in der Woche – vielleicht auch einmal am Tag? – etwas Unvernünftiges täten?
Was das sein könnte?
An einem blitzblanken Sommermorgen die Küche Küche sein lassen und Eisessen gehen, die tolle Bluse kaufen, die viel zu viel Geld kostet, mit einem riesigen Hut abends ein Restaurant besuchen, im Foyer eines Hotels der Lust auf einen bestimmten Tanz nachgeben und vieles andere mehr.
Wer sich erlaubt, unvernünftig zu sein, läßt das Kind wieder in sich leben, überschreitet seine grauen Grenzen, belustigt sich selbst und steckt andere an mit seiner Wonne am Leben. Wer sich erlaubt, unvernünftig zu sein, sammelt Heiterkeit als Reservoir für jene dunklen Stunden, in denen ihm das Leben nur Ernsthaftigkeit abverlangt.

Auf Motivsuche gehen

Daß die Welt viel interessanter, schöner, geheimnisvoller ist als du bislang gedacht hast, erfährst du spätestens dann, wenn du dir einen Fotoapparat zugelegt hast. Der Apparat ist in diesem Zusammenhang nicht so wichtig. Wichtig ist vor allem, daß du dich auf die Suche nach guten Motiven machst.

Was du da alles siehst, was du noch nie oder schon lange nicht mehr beachtet hast! Du siehst die Schönheit der Kreuzspinne vielleicht zum ersten Mal, du staunst über die märchenhaften Figuren der Wolken, du entdeckst in alten Bäumen kauzige Gesichter, dir fällt das alte Haus auf, das noch ältere Geschichten zu erzählen scheint, du siehst, wie viele menschliche Gesichter es gibt, du siehst, du siehst …

All das entdeckst du, wenn du dich auf Motivsuche begibst, um gute Fotos zu machen.

All das könntest du auch sonst entdecken.

Mehr brauchst du nicht

Kennst du das?
Die Sonne scheint. Du stehst an einem See, siehst auf das weiche Wasser. Hin und wieder bewegt ein kleiner Fisch das Wasser zu einem zarten Wellenspiel.
Tiefe Ruhe liegt über dem Land.

Ruhe zieht auch in dich ein.
Du gehst nicht weiter,
bleibst einfach stehen.
Du denkst nicht viel.

Alles ist gut so.
Mehr brauchst du nicht.
Mehr brauchst du wirklich nicht.

Nur hin und wieder

Hin und wieder beug dich nieder
und schau einem Kind
– wenn es das will –
in die Augen.
Dann könntest du daran erinnert werden,
worauf das Kind in dir selbst wartet.

Wirklich wollen

„Die wenigsten Leute haben auch nur einen Augenblick ihres Lebens wirklich gewollt, ebensowenig … geliebt“ (Hugo von Hofmannsthal). Was ist denn dieses „wirklich wollen“?
Wirklich wollen, das ist:

Nicht zuerst fragen, ob ich „das“ kann,
sondern ob ich „das“ will –
nicht zuerst darauf sehen, was schwierig,
sondern darauf, was möglich ist –
nur auf das eine Ziel sehen –
mich so weit wie möglich
in dieses eine Ziel eindenken, einfühlen, einleben –
um dieses einen Zieles willen
auf vieles andere, weniger wichtige, verzichten –
mein ganzes Herz, meine ganze Seele, meinen ganzen Körper auf dieses eine Ziel ausrichten –
mich von niemandem auf der Welt
von diesem einen Ziel abbringen lassen.

Wer wirklich das will, was zu ihm gehört und ihm entspricht, der kann auch wirklich lieben, denn er ist fähig, sich hinzugeben an das, dem seine Liebe gilt – ohne Wenn und ohne Aber.

Ferien

Ferien haben –
frei sein –
frei sein von Planungen, Verpflichtungen,
Terminen –
frei sein von den harten Rhythmen der Wochentage.

Du bemerkst wieder deinen Körper.
Du erinnerst dich wieder an deine Träume.
Du hörst wieder dein Herz sprechen.
Du hast wieder Zeit für ein nutzloses Gespräch.
Du spielst wieder.
Du tanzt wieder.
Du hörst wieder Musik.
Du bleibst wieder einmal stehen. Nur so.

Laß hin und wieder Trauer darüber zu, daß die Unterschiede zwischen deinem Leben zu Hause und dem hier in der Ferienwelt so groß geworden sind. Doch versprich jetzt weder dir noch einem anderen die bekannte „radikale Änderung" für die Zeit „danach".
Genieß diese Tage in vollen Zügen, doch zwischendurch laß diese Trauer zu …

Auf dem Gipfel

Ferien in den Bergen. Endlich hast du ihn erreicht, jenen Gipfel, den du vom Tal aus so oft bestaunt hast. Weit geht dein Blick über viele andere Gipfel und tief hinab in die Täler. Ein herrlicher Blick!
Einen Augenblick nur fühlst du dich als Sieger, dann fühlst du etwas anderes: wie klein du bist in diesem Meer von Bergen, in diesem Rausch von Wind, von Farben und von grenzenlosem Leben.
Doch bleib bei diesem Gefühl nicht stehen. Es könnte sonst sein, daß du Äußerliches, in diesem Fall dein gigantisches Gebirgspanorama, für das Größte im Leben hieltest. Und das ist es ganz gewiß nicht.
Nicht weniger weit und schön nämlich als das, was du hier vor dir siehst, ist das Panorama deiner eigenen Seele. Das Äußere und das Innere, sie sind im Leben Geschwister, und deshalb entsprechen ihre Weite und Schönheit einander. Du magst es glauben oder nicht.
Den Gipfel hast du nun bestiegen, hier hast du schon gestaunt – die Seele wartet noch auf dich. Kann das sein?

Zufriedenheit

Zufriedenheit ist die Fähigkeit, ganz in der Zeit zu leben und also geistesgegenwärtig zu sein.
Der zufriedene Mensch nimmt an, was ihm heute begegnet, sehnt sich nicht aus der Zeit heraus, weder in die Vergangenheit noch in die Zukunft.
Wie kommt ein Mensch zu diesem beneidenswerten Zustand?
Der zufriedene Mensch lebt ein einziges Geheimnis: Er fühlt die Werte aus den Situationen heraus, in denen er sich gerade befindet, und läßt sich ganz auf diese Werte ein. Dabei ist er sehr anspruchsvoll, doch nicht dem Leben, sondern sich selbst gegenüber. Denn er erwartet von sich, daß er das jeweils Beste aus den Situationen, die ihm das Leben zuspielt, herauslebt.
Und weil er sich darauf ganz einläßt, spaltet er sich nicht, ist er mit sich eins und daher mit sich selbst im Frieden und mit dem Leben auch.

Wenn es zum Sterben geht

Wenn es zum Sterben geht, möchte ich sagen können:

Ich habe die Sterne gesucht und den Menschen nebenan. Ich habe das Glück gesucht und das Unglück nicht verachtet.
Ich habe die Gerechtigkeit gesucht und bin unter der Ungerechtigkeit nicht bitter geworden.

Ich habe die Liebe gesucht und bin ihr auch begegnet.
Ich habe die Weisheit gesucht und habe ihren Saum gesehen.
Ich habe Gott gesucht, und er hat mich gefunden.

Wenn es zum Sterben geht, möchte ich sagen können: Ich möchte wieder zum Leben kommen.

August

Ein merkwürdiges Gespräch

Bei einer Abendgesellschaft saßen in einer entlegenen Ecke mehrere vornehm gekleidete Damen und Herren beieinander und sprachen über das Theater. Je später es wurde, desto heiterer wurden sie. Nur einer, ein älterer Herr, beteiligte sich wenig. Dann erhob er sich plötzlich aus seinem Sessel, schaute jeden einzelnen an und fragte: „Wenn ihr Gelegenheit hättet, eine bestimmte Rolle auf der Bühne zu spielen – welche würdet ihr am liebsten spielen?"
Der erste entschied sich für „Hamlet", der zweite für den „Hauptmann von Köpenick". Dann meldete sich die Frau des älteren Herrn zu Wort und sagte: „Ich möchte einmal, ein einziges Mal, eine verruchte Animierdame spielen."
Niemand lachte mehr, alle schwiegen, und dann sprach jeder von seiner eigenen Rolle. Der eine spielte sich in einen Fußballstar hinein, der andere in einen Modezaren, jemand war bereits ein Tyrann, der nächste sah sich als Psychoanalytiker …
Sie verabschiedeten sich erst spät, denn sie hatten viel darüber zu reden, daß jeder viel zu wenig von dem zum Leben brachte, was – wenigstens zum Teil – auch auf Erfüllung drängte.

Übellaune überwinden

Eine Geißel in unserer Seele ist die Übellaune. Sie kommt über dich, ohne daß du sie gerufen hättest. Sie gleicht einer Spinne, die unmerklich, aber rasch, ihr Netz ausbreitet, um ihre Opfer einzufangen.
Das Gesicht verliert die Freundlichkeit, die Stimme die Klarheit, der Unterkiefer die Lockerheit. Das Schulternackenfeld wird gereizt, du bist gereizt, du bist verstimmt. Du siehst nichts Gutes mehr um dich herum. Du merkst selbst, daß du unausstehlich bist, fühlst dich als Scheusal, du bist es auch. Und weil du es weißt, verstärkt sich die üble Laune.
Ein alter Professor erzählte einmal: „Ich gestatte mir dann und wann einen Tag, an dem ich meiner Übellaune freien Lauf lasse. Ich rate niemandem, dann auch nur *ein* Wort an mich zu richten. (Allerdings bemühe ich mich darum, an solchen Tagen allein zu sein.) Und wenn ich irgendwann in den Spiegel sehe, blickt mich ein unmöglicher Mensch an. Mit diesem Blick setzt dann in aller Regel die Endphase der üblen Laune ein. Das Gesicht, das mich da anschaut, erschüttert mich derart, daß ich bald meinen normalen Zustand wiederfinde. Merkwürdigerweise brauche ich diese Tage immer seltener… “

Sich selbst auf den Arm nehmen

Du findest dich wieder einmal so vor, wie du dich nicht willst. Nichts geht mehr. Der Zustand dauert bereits eine Weile an.
Wenn du dich gar nicht mehr ausstehen kannst, dann bemitleide dich (wenn es niemand hört). Führe Klage über dein Leben. Mal dir aus, wie schwer du es hast, heute – und eigentlich immer. Spare nicht an gefühlsstarken Ausdrücken. Sei tragisch.
Wer sich selbst auf den Arm nimmt, kann nicht von anderen auf den Arm genommen werden. Wer sich selbst ironisiert, distanziert sich von dem, was er an sich nicht mag. Wer diese leicht erlernbare Kunst zu praktizieren beginnt, wird nebenbei Humor entwickeln, jene gar nicht überschätzbare Fähigkeit, Unterschiede erkennen zu können zwischen ernst- und nicht ganz ernstzunehmenden Dingen.

Bevor du nach Hause gehst

Bevor du von deiner Arbeit nach Hause gehst, nimm dir, wo immer du bist, noch fünf Minuten Zeit, damit du Distanz gewinnst zwischen dem, was war, und dem, was kommt.
Schau auf den Tag zurück, laß alles noch einmal Revue passieren. Halt dich, wenn es geht, bei keinem Ärger länger auf. Sieh dir nur alles im Zusammenhang an. Denn was du im Zusammenhang siehst, hält dich selbst zusammen und eint dich in dir selbst.
Dann binde eine Schleife um diesen Teil des Tages – und denk dir aus, womit du dich gleich beglücken könntest, und mal dir's richtig aus.

So einfach

Manchmal scheinen sich alle guten Empfindungen und Gefühle gegen dich verschworen zu haben. Du kannst nicht vernünftig denken, nicht vernünftig entscheiden, bist uneins mit dir. In nichts bist du bei dir selbst.
Es hilft dir kein Nachdenken über deinen Zustand, und kein noch so erprobter Selbsterfahrungsakt bringt dich aus deiner mißlichen Laune heraus.
Dann stehst du auf, gehst hinaus, bemerkst die Sonne, riechst die Erde, hörst den singenden Vogel. Die steifen Gelenke lösen sich, der Atem wird freier, dir wird warm.
Ein Mensch grüßt freundlich, der große Hund weicht dir aus, das Kätzchen will von dir gestreichelt werden.
Es geht dir besser, der Druck läßt nach. Der Kopf wird freier. Ein guter Gedanke zeigt sich schon wieder, und andere nähern sich bereits.
Manchmal ist „alles“ ganz einfach.

Willst du gesund werden?

Der große Menschenkenner aus Nazareth fragte einmal einen Kranken, bevor er ihm half: „Willst du gesund werden?" Diese Frage spricht nicht nur die Vernunft des Kranken an, sondern vor allem die Wünsche, die aus dem Herzen kommen. Der Mensch, dem sie gestellt wird, ist gefragt, ob er selbst das Leben, vor allem das eigene, aus ganzem Herzen so liebt, daß er es behalten und fördern will.
Liegt *dir* dein Leben wirklich am Herzen?
Ahnst du, was es bedeutet, daß *du* im Leben bist?
Ahnst du auch, daß von *dir* abhängt, wie es weiter verläuft?

Die Frage des Nazareners macht deutlich, daß nicht einmal der Himmel einem Menschen Lebensglück aufzwingt. Sie verdeutlicht zugleich, wie hoch der Fragende vom Menschen denkt – vor allem auch von seiner Möglichkeit, auf seine Befindlichkeit im Leben selbst Einfluß nehmen zu *können.*
Es gibt auch Menschen, die die Frage hören und sich von ihr nicht berühren lassen. Sie berufen sich auf ihre erworbene Unfähigkeit zum Glücklichsein und ihre lange Geschichte negativer Erfahrungen. Sie haben wahrscheinlich tatsächlich „wenig vom Leben gehabt", doch haben selbst sie noch immer die Chance, ihr eigenes Leben zu wollen.

Resignation

Es gibt nur einen wirklichen Feind des Menschen: die Resignation.
Resignation ist vorzeitige Beendigung der Suche nach Sinn und Glück,
ist kraftlos-trotzige Abwehr der verborgenen Gefühle der Hoffnung auf ein anderes, besseres Leben.

Keiner ist nur das Eine

Selbst wenn er es nicht weiß:

Kein Mensch ist nur gesund, und keiner ist nur krank;
keiner ist nur glücklich und keiner nur unglücklich;
keiner ist nur beneidenswert und keiner nur bemitleidenswert.

Keiner ist nur ein Engel und keiner nur ein Teufel;
keiner ist nur ein Großer und keiner nur ein Kleiner;
keiner ist nur ein Sieger und keiner nur ein Verlierer.

Keiner erlebt nur die Liebe und keiner nur den Haß;
keiner erlebt nur den Sinn und keiner nur den Unsinn;
keiner erlebt nur den Himmel und keiner nur die Hölle.

Die Gunst der klaren Rede

Wenn einer dem anderen „die Wahrheit" sagt, wird der andere den einen sicher nicht anstrahlen.
Wenn einer sich auf die Idee des anderen nicht einlassen kann, wird der andere sich bestimmt nicht freuen.
Wenn einer den Interessen des anderen nicht entgegenkommt, wird der andere den einen bestimmt nicht umarmen.

Und obwohl dieser Sachverhalt ganz klar ist, erliegen wir immer wieder der Illusion, das könnte anders sein. Vor allem aber befürchten wir, wir könnten, wenn wir uns eindeutig verhalten, die Zuneigung des anderen verlieren. Das Gegenteil jedoch ist der Fall, in der Regel jedenfalls: Wenn wir uns einem anderen gegenüber klar verhalten, werden wir ihn zwar nicht beglücken, bald aber seine Achtung gewinnen und seine Zuneigung gewiß nicht verlieren.

Einander ganz verstehen?

„Ist es wirklich nötig“, hat der Philosoph Arno Plack gefragt, „einander vollkommen zu verstehen?“ Seine Antwort ist befreiend: „Mit einem Menschen, den wir ganz verstanden haben, sind wir in gewisser Weise fertig. Gerade das, was wir aneinander nicht verstehen, bindet unser liebendes Interesse.“

Vor allem die Liebenden wissen, daß der geliebte Mensch, um den doch alle Gedanken, Empfindungen, Gefühle und Handlungen kreisen, sich immer wieder neu, anders, überraschend und rätselhaft zeigt, daß sein Wesen nicht auslotbar ist. Und gerade das macht seine Faszination, Attraktivität und einen Teil seiner Würde aus.

Wenn wir deshalb von einem Menschen sagen, wir verstünden ihn, dann zeigen wir damit nur, wie wenig wir von unserer eigenen Tiefe wissen.

Merkwürdige Weitsichtigkeit

Jemand erzählte mir eine gute Geschichte:
Auf einer Abendgesellschaft zeichnete ein Karikaturist ein Bild von jedem Gast. Groß war der Spaß, das Lachen wollte nicht enden. Denn jeder erkannte – mit höchstem Vergnügen – die Karikatur aller anderen. Die eigene allerdings – erkannten die meisten nicht.
Und jener, der Zeuge dieser merkwürdigen Weitsichtigkeit der Festversammlung wurde, lachte in sich hinein, weil ihm Wilhelm Busch in den Sinn kam: „Dummheit, die man bei anderen sieht, wirkt meist erhebend aufs Gemüt."

Verschiedene Urteile

Gestern sah ich tausend Menschen, und tausend fand ich liebenswert.
Heute sah ich wieder tausend Menschen, und tausend fand ich unsympathisch.
Gestern war einer da, der mich liebenswert fand, heute fand mich einer unsympathisch.
Nun frage ich mich, welche Menschen ich gestern gesehen habe und welche heute.

Zeit

Zeit ist die Form, durch die der Inhalt Leben fließt.
Je enger diese Form ist, desto weniger Leben fließt hindurch.
Je weiter sie ist, desto mehr Leben bietet sich uns an.
Alles braucht bekanntlich seine Zeit: das Frühstück eine andere als der Sport, die Umarmung eine andere als die Plauderei, das Verstehen des Leidens eine andere als das Begreifen des Glücks.
Nimmst du dir nicht *die* Zeit, die du für *dein* Leben brauchst, dann geraten dir die Dinge nicht so, wie du sie dir wünschst. Dann gerätst du in Spannung. Dann bist du weder bei dir noch bei dem, was du tust. Dann paßt du nicht in die Zeit hinein, in der du gerade bist.
Du hast genug Zeit zum Leben.
Jeder Mensch hat genug Zeit zum Leben.
Du hast genug Zeit für das Wichtigste im Leben.
Die Frage ist nur, ob du das jeweils Wichtigste suchst und tust.

Nachdenklich macht mich

Nachdenklich macht mich, daß Eltern ihr behindertes Kind nicht weniger lieben als die gesunden. Nachdenklich macht mich, daß Eltern ihren süchtigen Sohn nicht weniger lieben als den erfolgreichen. Warum nur, frage ich mich, sehen dann andere, die persönlich nichts mit Behinderungen, Süchten, Krankheit und Not zu tun haben, nicht selten auf diese Menschen herab?

Sehnsucht nach einem Partner

Nicht jeder, der allein ist und sich nach einem Partner sehnt, ist ein „Opfer" des Schicksals.
Nicht jeder, der gern mit einem anderen zusammen wäre, ist ein „Opfer" der Zeit.
Nicht jeder, der sein Alleinsein nicht mehr will und trotzdem allein lebt, hat Grund, an sich selbst zu verzweifeln.
Vielleicht haben viele, die allein sind, einen starken Wunsch nach Partnerschaft, nicht aber eine starke Hoffnung. Doch nur die Hoffnung sendet jene Strahlen aus, die den möglichen Partner ins rechte Licht rücken. Und woher kommt die Hoffnung?
Nie von außen.

Kann jeder Mensch sie in sich finden?
Ja, denn sie gehört zu jedem.
Und wo im Menschen ist die Hoffnung zu Hause?
Wenn du so weiterfragst, wirst du ihr bald begegnen.

Jemandem Licht schenken

Es ist Abend geworden. Nur noch schwach dringt das Sonnenlicht vom Horizont herauf. Mein Blick fällt auf eine dunkelgraue Wolke. Vor kurzem noch, als die Sonne höher stand, war dieselbe Wolke weiß, sahnig, zum Staunen schön.
Auch Menschen brauchen Licht, um „schön“ zu sein, um menschlich zu wirken. Das weißt du von dir selbst: Du bist ganz anders da, du fühlst und verhältst dich anders, wenn einer dir freundlich begegnet, dir Mut macht, dich nicht im Schatten stehen läßt. Dann blühst du einfach auf.
Läßt du auch andere aufblühen?

Sich auf etwas fixieren

Ich stehe in einem Raum, sehe Gardinen, Bilder, Bücher, Möbel und vieles andere mehr, sehe auch seine Helligkeit. Ich rieche den Duft, der zu ihm gehört, höre das Ticken der Uhr, das mich an etwas Angenehmes erinnert. Ich lasse den Raum auf mich wirken – und finde ihn schön. Da fällt die Pfeife, die auf dem weißen Tisch liegt, zur Seite.
Asche fällt heraus. Mir kommt eine Idee:
Ich nähere mich dem Ascheflecken, fixiere meinen Blick auf ihn. Ich bemerke, daß der Fleck immer größer wird. Während ich mich tief über ihn beuge, sehe ich nur noch ihn, kaum noch den Tisch, nichts mehr von den vielen anderen Dingen im Raum, und schon gar nicht mehr spüre ich seine Atmosphäre. Der Raum wird zu Asche.
Ich entferne mich wieder. Je weiter ich mich zurückziehe, desto kleiner wird der Fleck. Was ich vom Raum vorher gesehen habe, kommt mir wieder in den Blick. Die Asche sehe ich noch, wenn ich hinsehe, doch der Raum wird wieder zum Raum, in dem ich gern bin.
Du wirst verletzt, beleidigt. Du fürchtest etwas, bangst um etwas. Du hast eine Sorge, einen Zweifel. Hast du den Abstand, den du brauchst, um dich trotz dieser Dinge in deinem Lebensraum wohlfühlen zu können?

Atmen

Atem ist der Form nach Luft, dem Inhalt nach Geist und Leben.
Ist unsere Atmung gestört, dann ist unser Leben gestört. Vertieft sich unsere Atmung, dann vertieft sich unser Leben. Atmen wir aus der Tiefe, dann begegnen wir unserem Ursprung.
Es gibt viele gute Anregungen für gutes Atmen. Die vielleicht einfachste ist:
Schau dir nur an, wie es in dir atmet. Tu gar nichts als nur dieses eine: Schau dir an, wie es in dir ausatmet, wie einen Augenblick der Atem gar nicht mehr dazusein scheint, wie er sich wieder zeigt und es erneut in dir einatmet.
Laß dir täglich zehn Minuten Zeit für die Betrachtung dieses geist-vollen Stück Lebens.

Tunnel und Gebirge

Wir näherten uns den hohen Bergen Österreichs. Wir freuten uns sehr auf sie. Wir hatten uns vorgenommen, in Vorarlberg nicht durch den Tunnel, sondern über das Gebirge zu fahren. Wir wollten sehen, genießen, staunen. Ich verpaßte die Ausfahrt, die auf die Berge führt. Unversehens befanden wir uns im Tunnel und sahen nichts als graue Wand und dumpfes Licht.

Die Tunnelfahrt hatte uns nicht angestrengt, sie war nicht gefährlich gewesen, wir hatten sogar Treibstoff, vor allem aber Zeit „gespart". Die Fahrt durch den Tunnel war, wenn denn auch unbeabsichtigt, zu einer sehr vernünftigen Unternehmung geworden. Jedoch – das traumhaft schöne Gebirge hatten wir nicht gesehen. Und unsere Trauer zog sich nicht so rasch zurück.

Es gibt auch im Leben viele Tunnel, die sich, vom „Tal" aus betrachtet, als vernünftige Wege anbieten. Wenn wir uns auf sie einlassen, kommen wir weiter. Die Frage ist nur, ob diese Wege *beglückendes* Leben anbieten, und auch, ob wir auf solchen Wegen Leben fühlen.

Manchmal

Manchmal versteht einer den anderen nicht, obwohl er sich um Verständnis sehr bemüht. Vielleicht versteht er ihn deshalb nicht, weil er die Situation und das Leben von einem anderen Standort aus betrachtet.
Manchmal verletzt einer den anderen, ohne es wirklich zu wollen. Er verletzt ihn vielleicht deshalb, weil er – aus seiner Sicht – etwas Bestimmtes sagen oder tun muß, wenn er sich selbst nicht untreu werden will.
Manchmal sind Menschen, die sich lieben, einander fern, ohne es zu wollen. Es kann sein, daß beide Wichtiges, das nicht die Sache des anderen ist, mit sich allein auszumachen haben.
Manchmal haben Menschen einander nichts zu sagen, weil sie darauf warten müssen, daß ihnen ihr Herz Neues vom Leben mitteilt.

Selbsterkenntnis

Ganz im Ernst: Es sind manchmal nicht die schlechtesten Stunden, in denen wir uns selbst weniger denn je ausstehen können. Wenn wir uns so erleben, wie wir uns keinesfalls wollen, erkennen wir vielleicht deutlicher als sonst unser tiefstes Problem: die Lust am Ärger, die Süße in der Melancholie, die Trockenheit des Geizes …

Es kommt nur darauf an, daß wir bei aller grimmigen Lust am eigenen Untergang so dann und wann auf Distanz zu uns selbst gehen, damit wir Zeuge dessen werden, was wir uns selbst und anderen gegenüber „erlauben“.

Hören, was in der Welt ist

Manchmal kommen wir innerlich nicht zur Ruhe. Wir können keinen klaren Gedanken fassen. Unterschiedliche Empfindungen und Gefühle halten uns besetzt. Wir brauchen jedoch jetzt nichts *mehr* als Ruhe.
Setz dich in einen Raum, in dem du ganz für dich bist. Schließ deine Augen. Du brauchst nicht zu denken, nicht deine Gefühle zu orten, du mußt nichts von dir aus lösen. Du brauchst nur zu hören.
Worauf?
Auf das, was du hörst:
auf den Wind, auf den Ruf des Vogels, auf das Kinderlachen, auf das Kinderweinen, auf das Hupen des Autos, auf alles, was Laut gibt, auf die gesamte Vielstimmigkeit der Welt, die dich umgibt.
Nur hören, nichts als hören …
Im Laufe der Zeit wirst du bemerken, daß du in verschiedenen „Etagen" und Räumen hörst, wirst oben und unten, vorn und hinten hören und die Geräusche, Stimmen und Klänge deutlicher unterscheiden können, und das tut gut. Es kann auch sein, daß du im Laufe der Zeit fühlst, daß alles, was du hörst, zu deiner Welt gehört, auch jene Stimmen und Töne, die dich bislang nur störten.
Du wirst bei dir sein, ganz nah bei dir, sofern du ganz in dem bist, was du zu hören bekommst.

Warum nur?

Warum nur wird der Liebende schön,
wenn er die Schönheit in seinem Geliebten sieht?

Warum nur wird der Hassende häßlich,
wenn er die Häßlichkeit in seinem Feinde sieht?

Das Meer – ein Symbol für den Menschen

Das Meer ist für mich immer schön, bewegend, mit nichts sonst vergleichbar.
Das Meer ist ein Symbol für die Nachtseite des Menschen, für das, was man das Unbewußte nennt. Es symbolisiert die uns nicht bewußt gewordenen Kräfte: die vitalen, die darauf warten, von uns aus-gelebt zu werden, aber auch die vital-bedrohlichen, die nie aufhören werden, uns in Bedrängnis zu bringen. Immer, wenn das Meer uns als Symbol in den Träumen begegnet, erleben wir wieder die Urgewalten des Lebens, auch des menschlichen, auch des eigenen.

Ich werde nachdenklich, wenn ich mir diesen Zusammenhang vergegenwärtige. Wenn ich das Meer schön finde und bewegend, wenn es mich anzieht und mir tiefen Respekt abnötigt, wenn ich darüber staune und es mir unvergleichbar erscheint – sollte ich dann vom Menschen, dessen untergründige Seiten das Meer symbolisiert, anders denken?

Das Erfreuliche in Dir

Wenigstens einmal solltest du es wagen.
Wenigstens einmal solltest du dir ein Herz fassen
und danach suchen.
Wenigstens einmal solltest du die Erfahrung machen,
daß deine beherzte Suche
nach dem, was du an dir erfreulich findest,
dein Leben verändern kann.

Das Negative drängt sich dir von selbst auf,
das Positive mußt du suchen.
Worin du kein Meister bist,
darauf machen andere dich aufmerksam.
Was du wirklich gut kannst,
darauf weisen andere dich nur manchmal hin.

Wenn du jedoch mehr als bisher weißt,
was du an dir erfreulich findest,
bist du nicht nur entspannter,
sondern auch innerlich wärmer,
nicht nur freier,
sondern auch liebe-voller
zu dir,
zu anderen,
zum Leben.

Von der „Trotzmacht des Geistes“

Viktor E. Frankl, der große Wiener Psychiater und Neurologe, spricht immer wieder von der „Trotzmacht des Geistes“, jener menschlichen Fähigkeit, sich nicht nur gehen, sondern auch stehen lassen zu können. Nicht bei jeder Unpäßlichkeit muß ich „passen“, nicht bei jeder Laus, die mir über die Leber läuft, selbsterfahrerisch tätig werden. Ich brauche mich nicht bei jeder kritischen Bemerkung eines anderen in weitere Selbstzweifel zu stürzen. Nicht allen Störungen meiner Seele muß ich den Vorrang gestatten.

„Trotzmacht des Geistes“ heißt jedoch noch mehr: Es gibt Krankheiten, die uns aus unseren äußeren Bahnen werfen, Trennungen, die uns zunächst mit-nehmen, Scheitern, das wir fürchten wie nichts anderes. Es gibt Tatsachen, vor denen wir plötzlich stehen und die uns zu entwurzeln drohen. – Dann kann es wichtig sein, nicht nur nach dem Warum und dem Wozu der Ereignisse zu fragen, sondern trotz dem, was eingetroffen ist, sich zu empören – nicht nur gegen die Tatsachen selbst, sondern auch gegen deren fatale Auswirkungen auf die Seele. Es geht bei der „Trotzmacht des Geistes“ um den Erhalt der Qualität von Leben, um das Bewahren der Freiheit im Inneren, um Sinnerfahrung, die bleiben kann, auch wenn die Vor-Stellungen vom Leben zunichte geworden sind. Denn der Mensch kann „größer“ sein als das, was ihn kleinzumachen droht.

Das Wichtigste ist nebensächlich?

Wenn die Menschen für dich das Wichtigste sind –
warum hörst du ihnen dann so wenig zu?
Wenn die Menschen für dich das Wichtigste sind –
warum schenkst du ihnen dann so wenig Zeit?
Wenn die Menschen für dich das Wichtigste sind –
warum denkst du dann so wenig über sie nach?
Wenn die Menschen für dich das Wichtigste sind –
warum liebst du sie dann so wenig?
Wenn die Menschen für dich das Wichtigste sind,
dann verstehe ich nicht, warum du die Hauptsache
in deinem Leben so nebensächlich behandelst.

Glück finden

Wir befinden uns auf hoher See. Die Bordkapelle spielt. Die elegant gekleidete Gesellschaft schwebt kunstvoll über das Parkett. Die Stimmung ist hervorragend. Da sehe ich die beiden: den kleinen Mann mit seinem pechschwarzen Haar und den Jungen, der auf seinem Schoß sitzt. Der Vater schaut sehr heiter auf die tanzenden Paare, der Kleine lächelt vor sich hin. Manchmal wenden sie sich einander zu, flüstern sich Worte ins Ohr und lachen.

Da bemerke ich, daß der Vater den Jungen streichelt, immerzu streichelt, zart und liebevoll und immer an derselben Stelle – während der ganzen Zeit, in der ich den beiden zuschaue. Er streichelt den Armstumpf seines contergan-geschädigten Jungen. Und beide scheinen glücklich, sehr glücklich zu sein.

Das Glück liegt nicht in den Dingen und nicht in den Umständen. Es liegt darin, wie unser Herz die Dinge und Umstände sieht, sich zu eigen macht, sie handhabt.

Und wenn es nur der eine Abend ist

Während meiner Studentenzeit schenkte ein Mitstudent einem Bettler zehn Mark. Zunächst staunte der alte Mann ungläubig, er schien verwirrt, dann überzog ein jungenhaftes Strahlen sein ausgetrocknetes Gesicht.
Einige Zeit später sahen wir den Alten wieder – in einer Kneipe. Er sah uns nicht.
Und der Student?
Er sagte: „Und wenn er nur heut abend glücklich ist …" In diesem Augenblick mochte ich den Jungen besonders gern.

Die geheimen Verführer

Du kennst Märchen, und also kennst du auch jene Hexen, Gnome, Monster und Figuren, die die Glückssucher von ihren Wegen abbringen wollen.
Diese Figuren sind keine Erfindung der Erzähler von Märchen, sondern Realitäten deiner und meiner Seele. Man muß sie kennen.
Man muß wissen, daß sie auch uns – in Gestalt von Gedanken, Bildern und Gefühlen – von unserem Wege abzubringen versuchen. Deshalb sind die Worte, die sie uns einflüstern, Worte gegen Leben, gegen Glück. Sie sind Lockungen ins Niemandsland.

Man muß ihre Namen kennen. Denn wenn sie das Geheimnis ihres Namens verlieren, verlieren sie ihre Macht.

Falsche Entscheidungen?

Manche Entscheidungen, die wir früher getroffen haben, können wir heute nicht mehr verstehen. Wir nennen sie falsch – aus heutiger Sicht. Ob sie es auch aus damaliger Sicht waren? Es kann sein, daß wir damals anders hätten entscheiden sollen, es kann jedoch auch sein, daß wir gar nicht anders entscheiden konnten.
Ob du jetzt an etwas Bestimmtes denkst? Versuch einmal, dich daran zu erinnern: an die Situation von damals, an die Umstände und Widerstände, an die Hoffnungen und Versprechungen, an das, was du gedacht und empfunden, was du geplant und gefühlt hast.
Sieht nicht das, worum es damals ging, ganz anders aus als heute?
Keine Entscheidung, die unser *Leben* betrifft, ist in ihrer Auswirkung sicher vorhersehbar. Jede ist ein Wagnis. Das gilt für Entscheidungen, die unsere Partnerschaft betreffen ebenso wie unseren Beruf. Das gilt für alles, was den Fluß unseres Lebens wesentlich mitbestimmt.
Jede Entscheidung ist ein Wagnis. Und jede Entscheidung ist zugleich die Bedingung für die Möglichkeit, daß unser Lebensfluß nicht zu einem langweiligen Kanal verkommt. Welche Elemente die Landschaft unseres Lebens letztlich sinnvoll und attraktiv machen, werden wir vermutlich – wenn überhaupt – erst zu sehen bekommen, wenn wir vom Ende her unsere Zeiten überblicken.

September

Jede Zeit gehört zu uns

Überleg einmal, ob du auf eine Tages- oder Jahreszeit verzichten möchtest, etwa auf den frühen Morgen oder den Mittag, auf den Herbst oder den Winter?
Ich nehme einmal an, daß du den frühen Morgen gern verschläfst und in der Mittagszeit oft müde bist, daß der Herbst dich melancholisch macht und der Winter dir zu kalt ist. Also: Wenn du die Möglichkeit hättest, die eine oder andere Zeit zu streichen – ob du es tun würdest? Wenn du nun an dein eigenes Leben denkst, an die verschiedenen Zeiten – ob du auf eine nur, und sei sie noch so schwer gewesen, verzichten möchtest?
Alle Zeiten sind Zeiten unseres Lebens. Und alles, was wir in den Zeiten leben, ist ein Stück von uns selbst. Wenn wir denn auf eine bestimmte Zeit verzichteten, so verzichteten wir auf ein eigenes Stück Leben.

Wenn es gar nicht anders geht

Manchmal geht es nicht mehr anders:
Dann mußt du deine Not,
deine Angst, deine Bedrückung, deine Einsamkeit,
deine Verlorenheit,
was immer es sei,
als deinen ganz persönlichen Lebensfeind sehen
und ihn anschreien oder anbrüllen:
Ich will dich nicht mehr!
Ich bin deiner überdrüssig!
Ich hab dich nun satt!
Verschwinde aus meinem Leben!

Stampf dabei mit den Füßen auf den Boden!
Trommle mit der Faust gegen die Wand!
Schieb mit energischen Bewegungen deiner Hände deinen Feind weit weg von dir, weit hinaus aus deinem Leben!
Und verlaß dich darauf, daß dein Geist, wenn er zum Orkan wird, freies Land für dich gewinnen wird.

Streß und Leere

Fast alle körperlichen Organe werden in Mitleidenschaft gezogen, wenn wir unter zu starken und andauernden Streß geraten. Das allerdings gilt ebenso für unsere Seele. Wer sich unter zu starken Streß stellt, lebt nicht *in* der Zeit. Er hastet lediglich von einer Situation in die andere und ist deshalb nicht geistesgegenwärtig genug.
Das führt dazu, daß der gestreßte Mensch sich selbst und anderen zunehmend fremd wird. Er ist sich selbst nicht mehr nahe. Er fühlt sich wie „ausgehöhlt". Er fühlt innere Leere. In diese Leere jedoch können all jene Gedanken, Empfindungen und Gefühle einfließen, die er um keinen Preis will – und deshalb begibt er sich so rasch wie möglich wieder in die unselige Umlaufbahn des Stresses, auf der er wieder und wieder die Erfahrung der Leere machen wird. Irgendwann wird er sich dann zu entspannen versuchen und erkennen, daß die Entspannung entweder nicht gelingt oder zur Lösung seines Problems nicht ausreicht.

Zwei Fragen könnten wirklich weiterhelfen.
Die erste, häufig gestellte und wenig beantwortete, lautet: Wovor läufst du weg?
Die zweite, weniger gestellte und noch weniger beantwortete:
Wohin wohl will denn dein Herz?

Bilder

Wir leben von Bildern: von denen, die die Seele selbst entwickelt, und denen, die sie von außen aufnimmt.
Die inneren Bilder sind die Mütter unserer Gefühle. Sie sind die Lotsen zum Glück und auch zum Unglück. Wir leben innerlich von ihnen, und wir sterben innerlich an ihnen.
Unser Auge ist die Brücke zwischen der äußeren und der inneren Welt. Was es an Bildern aufnimmt, beeinflußt uns, ist mitbestimmend für unser Leben.
Nur zwei einfache Beispiele:
Der ganze Tag wird davon beeinflußt, ob ich am Morgen nach einem hastigen Frühstück mich ins Stadtgetümmel werfe oder mich, bevor ich das Haus verlasse, einige Minuten meinen Blumen zuwende.
Die ganze Nacht wird davon beeinflußt, ob ich am späten Abend, bevor ich mich schlafen lege, mich von den aggressiven Bildern eines Krimis beeindrucken lasse oder mich noch für eine Viertelstunde in einen Bildband vertiefe.

Liebe zum Leben?

Ob du dein Leben wirklich liebst?
Liebst du es nur,
wenn du bekommst,
was du dir vor-gestellt hast?

Sich selbst vergessen

Unser Auge nimmt sich selbst nicht wahr. Und wenn es sich doch selbst sieht, ist es krank.
Wir sehen auch unser Gesicht nicht, das Wichtigste unserer äußeren Erscheinung. Wenn es sich erblickt, dann nur mit Hilfe eines Spiegels, und der ist künstlich.
Menschen sehen von sich weg, wenn sie gesund sind und sich nicht künstlich verhalten. Das aber, was für den äußeren Menschen gilt, gilt in gleicher Weise für den inneren. Denn Leib und Seele sind zwei unterschiedliche Seiten des einen Menschen.
Wenn Kinder spielen, vergessen sie sich selbst. Sie vergessen auch die kleinen Wunden, auch die Zeit. Sie vergessen sogar die Gefahr. Und während sie so sind, wie sie sind, ist ihr kleines Leben, ohne daß sie auch nur einen Augenblick darüber nachdenken, voll Sinn und Glück.
Selbsterkenntnis ist notwendig, aber sie hat nur eine Aufgabe: daß wir uns von Zeit zu Zeit darauf besinnen, wer wir sind und wie wir sind und ob die Art, wie wir unser Leben führen, dem nahekommt, was uns selbst nahekommt und dem, was wir als Menschen sein könnten: Menschen, die ins Leben sehen.

Leistung

„Leistung" ist zur Zeit kein Lieblingswort. Das ist verständlich: Zu viele Menschen beziehen daraus ihr Wertgefühl und beurteilen auch andere danach. Trotzdem wäre es gut, wenn wir das, was das Wort meint, differenzierter sähen.
Es gibt nämlich auch Leistungen, die Kinder der Lust, der Freude oder auch der Genialität sind, oder solche, die ein Mensch verwirklichen muß, wenn er sich selbst treu bleiben will.
Wer etwas leistet, was ihm entspricht, bereichert immer auch seine Mitwelt, selbst wenn sie davon nichts erfährt. Denn alles, worin ein Mensch mit sich eins ist, heilt an seinem Ort die Welt.

Vom Selbstmitleid

Kaum ein Gefühl hemmt menschliches Leben so stark wie Selbstmitleid. Es äußert sich in tragischem Gebaren. Viele kennen es, wenige mögen es sich eingestehen. Besonders problematisch ist dieses Gefühl für jene, die in einer Krise sind.
Selbstmitleid ist richtungslos und kreist nur um seinen Inhaber. Es hat nicht die Tendenz, sich aufzulösen.
Wer sich bemitleidet, fragt nicht danach, was er selbst mit der Entwicklung seines gegenwärtigen Zustandes zu tun hat, sondern macht Gott und die Welt dafür verantwortlich. Er spielt wie kaum ein anderer das Schuldverschiebespiel. Für dieses Spiel hat jedoch niemand Sympathie, und deshalb wenden sich die anderen von ihm ab – natürlich mit der Folge, daß sich der Selbstmitleidige in seiner Anschauung wieder bestätigt fühlt – ein Kreislauf ohne Ende. Oder nicht?
Was wäre zu tun? Dieses unselige Gefühl sich eingestehen, seinen Facettenreichtum aufspüren und ihn sich vergegenwärtigen! Die Wirkung ist verblüffend. Der Mensch wird frei, frei für die unbequeme Nachfrage nach den Gründen, die ihn in seine Lage gebracht haben, frei für die Situation, in der er sich nun einmal befindet, frei vom ständigen Kreisen um das begehrliche Ich.
Ich bin, verehrter Leser, beim Schreiben dieser Seite sehr heiter geworden …

Erschrecken und Trauer

Damals erschrak ich, als ich zum ersten Mal den Wandspruch las: „Seitdem ich die Menschen kenne, liebe ich die Tiere."
Heute trauere ich über die Menschen, die sich zu einer bestimmten Zeit diesen Spruch an ihre Wand geheftet haben.

Menschen sind wir

Sind Mütter nur Mütter?
Sind Väter nur Väter?
Sind Kinder nur Kinder?
Mütter sind Menschen.
Väter sind Menschen.
Kinder sind Menschen.
Es wäre gut, wenn Menschen einander Menschen sein ließen.

Sind Ossis nur Ossis?
Sind Wessis nur Wessis?
Sind Süchtige nur Süchtige?
Ossis sind Menschen.
Wessis sind Menschen.
Süchtige sind Menschen.
Es wäre gut, wenn Menschen einander Menschen sein ließen.

Sind Türken nur Türken?
Sind Asylanten nur Asylanten?
Sind Politiker nur Politiker?
Türken sind Menschen.
Asylanten sind Menschen.
Politiker sind Menschen.
Es wäre gut, wenn *wir* einander Menschen sein ließen.

Abschied vom Tag

Der Tag ist vergangen. Es gibt nichts mehr zu tun. Ich kann mich schlafen legen, ich kann mich auch noch auf das besinnen, was heute war. Wenn ich mir dafür Zeit nehme, werde ich spüren, wie gut das für mich ist.
Was war am Tage?
War da Besonderes? War da Schönes, Schwieriges?
Wie war ich selbst da in allem, was ich erlebte?
Ich lasse die Bilder noch einmal kommen, lasse sie an mir vorüberziehen, schaue sie nur an, betrachte sie – und verabschiede mich für heute von ihnen.

Wer auf der Schwelle zum Raum des Schlafes die Bilder des Tages noch einmal auf-nimmt, nimmt sie zur Kenntnis und verdrängt sie nicht. Wer sie am Ende des Tages nicht verdrängt, drängt sie auch nicht in den Anfang der Nacht. Wer noch einmal die Bilder anschaut und über-blickt, dem ordnen sich die Ein-Drücke des Tages und erscheinen ihm in einem gewissen Zusammenhang. Und alles, was in uns zusammenkommt, überwindet unser Gespaltensein, führt zum Einssein mit uns selbst.
Wenn ich mich vom Tage verabschiede, bin ich frei für die Nacht.

Wer zu viel denkt

Wir denken zu viel. Wer zu viel denkt, hat zu wenig Berührung mit seinen ursprünglichen Instinkten, hat häufig nicht den „richtigen Riecher" für das, was jetzt zu tun ist und was nicht.
Wer zu viel denkt, dem fehlt auch Vertrauen in die „Weisheit des Herzens", der hört nicht genug auf seine „innere Stimme", die oft viel klarer auf wichtige Fragen des Lebens zu antworten weiß als der vom vielen Denken ausgedörrte Verstand.
Wer zu viel denkt, ist oft auch blind gegenüber jenen Eigenschaften und Verhaltensweisen, die ihn an der Erweiterung seiner Persönlichkeit hindern.
Es stimmt schon, was Christiane Singer bissig sagt: „Häufig funktioniert unsere Kopfsteuerung wie das Zentralkomitee eines totalitären Staates, der nur solche Informationen durchsickern läßt, die ihn konsolidieren."

Was ist zu tun?
Gar nichts.
Nur frag dich hin und wieder, ob du noch weißt, was deine Gefühle sagen.

Nur Entspannung?

Entspannt sein – das ist für viele Zeitgenossen das Losungswort. Entspannt sein ist auch schön, ist auch wichtig, ist auch die Bedingung dafür, daß Leben wieder fließen kann.
Der Wunsch danach, entspannt zu sein, darf jedoch nicht darüber hinwegtäuschen, daß ein tiefes Entspanntsein sich erst dann zeigt und vor allem bleibt, wenn ein Mensch *Halt im Leben* gefunden hat. Der aber läßt sich durch keine Entspannungstechnik ersetzen.
Der erste Zugang zum Halt im Leben ist der, daß man die Frage nach ihm überhaupt einmal zuläßt und auf sich einwirken läßt. Wer keinen Halt weiß, wird dann jenen Schmerz in sich verspüren, den er braucht, um drangvoll nach seiner Verwurzelung suchen zu wollen.

Die Weite suchen

Ein Mensch, sagen manche Philosophen, könne sich aufgrund seines Geistes selbst überschreiten. Ob das, worunter du leidest, dich daran hindern kann?

Eine gelähmte Psychologin konnte irgendwann nicht mehr ihr Bett verlassen. Selbst den geliebten Baum vor ihrem Fenster sah sie nicht mehr. Doch als ein Reporter sie fragte, ob sie deshalb nicht unglücklich sei, antwortete sie: „Wenn ich nicht mehr in die Weite sehen kann, so kann ich doch nach wie vor – und das wird mir bleiben – in die *eigene Tiefe* sehen."

Die andere Frage

Sollte einmal die Stunde kommen,
in der du dich fragst,
ob du noch leben willst,
dann frag dich auch,
ob du schon sterben willst.

Sollte einmal die Stunde kommen,
in der du dich fragst,
ob du dir dein Leben nehmen willst,
dann frag dich auch,
ob du es *behalten* willst.

Seinen eigenen Weg gehen

Wenn du deinen eigenen Weg gehst, dann…
… gehst du nicht die Wege der anderen.
… folgst du nicht fremden Wünschen und Vorstellungen.
… hörst du auf deine eigene innere Stimme.
… hörst du nicht auf fremde Stimmen.
… wirst du freier vom Urteil der Menschen.
… wagst du zu sagen, was du denkst.
… wagst du zu tun, was du sagst.
… weichst du weniger aus und entwickelst Stehvermögen.
… stehst du zu dir selbst.
… bist du dir selbst ein Freund.
… fängst du an, dich und andere zu lieben.
… wird dein innerer Schatten schmaler.
… schiebst du weniger von dir auf andere.
… wirst du in deinen Entscheidungen klarer.
… wirst du dir selbst treuer.
… vertraust du dir selbst und auch anderen mehr.
… sagst du ja zum Leben.
… lebst du mitten im Leben.
… schöpfst du dein Leben aus.
… sagst du ja zum Tod.
… gehst du *deinen* Weg zu *deinem* Ziel.

Unabänderliches Schicksal

Vielleicht hast du ein unabänderliches Schicksal zu tragen, eine Krankheit, eine Scheidung, etwas, was du nicht wolltest, was nicht mehr veränderbar ist. Vielleicht sagst du, dein Leben sei sinnlos geworden. Ich werde mich hüten, dein Gefühl in Frage zu stellen. Ich habe gegenwärtig keine Not dieser Art. Aber ich habe mit Menschen zu tun, die beklagen, was du beklagst. Darf ich dir deshalb eine Frage stellen?
Ist das, was du vermißt, die Hauptsache in deinem Leben gewesen? Wenn es sich *nicht* um deine Hauptsache handelt – ist dir bewußt, daß du sie nicht verloren hast? War jedoch das, was du vermißt, deinem Gefühl nach die Hauptsache – dann wäre es gut, dich an den Gedanken zu gewöhnen, daß es in Wirklichkeit nur *eine* Hauptsache gibt: Leben zuzulassen, wie es kommt, sich auf Leben einzulassen, wie es ist, und aus dem Leben das jeweils Beste herauszuholen.

Du sagst, du habest andere Vorstellungen vom Leben gehabt. Das glaube ich dir. Die Frage ist nur, ob das Leben *selbst* deine Vorstellungen teilte. Ich glaube nicht mehr daran, daß Gesundheit, Partnerschaft, Geltung, Geld oder irgend etwas anderes darüber entscheiden, ob Leben Sinn hat oder nicht. Ich glaube, daß nichts wichtiger ist als Leben *anzunehmen*, *dieses* Leben anzunehmen, *jetzt* dieses Leben anzunehmen – und dauerte es nur noch kurze Zeit.

Erfahrung

Wenn jemand sagt: „Ich tue das nicht, weil ich es nicht kann“, dann wird er „es“ in der Tat nicht können, selbst wenn er es versuchte.
Wenn jemand sagt: „Ich tue das, obwohl ich nicht weiß, ob ich es kann“, dann wird er „es“ vielleicht doch können. Wenn jemand sagt: „Ich tue das, und ich werde es können“, dann wird er „es“ wahrscheinlich auch können.

Bilder bewahren

Eben noch stand die Sonne wie ein mächtiger Feuerball über den Wäldern. In goldwarmes Licht war das Land gehüllt. So schön war noch eben die Welt.
Das Land hat die Wärme verloren, auch das Gold. In tristes Grau ist nun die Welt gehüllt. So rasch wechselten die Bilder.
Und doch: Ich sehe auch jetzt noch den großen, warmen Ball, zwar nicht mehr vor mir, aber in mir.
Wenn du noch den Feuerball über deinem Tage siehst, wenn du noch das Wohlwollen, die Freundschaft oder gar die Liebe erlebst, wenn du noch Freude kennst, dann bewahre dir diese Bilder in deinem Herzen, weil es sein kann, daß du irgendwann einmal von ihnen leben mußt und dann vielleicht auch leben kannst.

Seinen Körper kennen

Kennst du deinen Körper?
Spürst du, wann er sich verspannt?
Fragst du dann auch, was er dir sagen will?

Staunst du noch über ihn?
Über die Haut und auch das Herz,
über die Füße und das Gehirn,
das Auge, aus dem die Seele spricht,
das Ohr, das die Worte vom Leben aufnimmt,
über den ganzen großen Zusammenhang
von Körper, Seele und Geist?

Wenn du deinen Körper mehr beachtest,
beachtest du dich mehr.
Wenn du vertrauter mit ihm wirst,
wirst du mit dir vertrauter.
Wenn du ihm gut bist,
bist du gut zu dir.
Denn du bist Körper, bist Seele, bist Geist,
bist Einheit von Körper und Seele und Geist.

Unbegrenztheit der Seele?

Oft habe ich von Menschen gehört und gelesen, daß sie in ihren Träumen, die ja aus der weiten Landschaft der Seele erzählen, die Zeiten und auch die Räume gewechselt haben.
So frage ich mich: Kann es sein, daß unsere Seele gar keine Grenzen kennt?
Und: Kann es sein, daß unser Verstand in seiner Seelenlosigkeit auf seine eigenen Grenzen sieht und dann behauptet, dies seien die Grenzen des Lebens?

Herbst

Der Herbst ist gekommen. Er hat sich seit Wochen schon angekündigt. Die Musik zieht sich von den Straßen zurück, die Fröhlichkeit auch. Die Menschen gehen rascher als sonst ihres Weges.
Manche mögen noch nicht glauben, daß der Sommer nicht mehr wiederkommt, in dieser Zeit nicht mehr. Sie mögen sie nicht, die neue Zeit, die so anders ist als die vergangene.
Im Herbst wird mir so anschaulich, daß Leben sich ständig verändert und daß ich wieder selbst – mehr als an den Sommertagen – für Gründe von Glück sorgen muß. Im Herbst sehe ich deutlich, daß die Hoffnung nicht mehr an den Bäumen spielt, daß ich sie suchen muß auf Feldern, an die ich im Sommer nicht dachte.
Der Herbst ist eine andere Art des Lebens, und weil er Leben ist, ganz sicher ebenso wert zu leben wie der Sommer. Wenn wir das doch begreifen könnten!
Auch der Herbst im Leben eines Menschen hat, wie der Frühling, der Sommer, der Winter, sein eigenes Recht, seine eigenen Schwierigkeiten, vor allem aber seine eigenen Möglichkeiten. Je älter wir werden, desto tiefer müssen wir die Gründe zum Leben suchen. Die Suche wird zwar beschwerlicher werden, die Funde aber werden kostbarer, jedenfalls für den, der leidenschaftlich weitersucht – bis in den Tod hinein.

Helles und Dunkles

Es ist tatsächlich Herbst geworden. Ich muß mich erst an ihn gewöhnen.
So schön war dieser Sommer! So viel Licht verschenkte er und so viel Wärme! Die Tage schienen nicht aufzuhören, und selbst die Nächte verströmten tiefen Sommer.
Melancholie zieht in mir auf wie Nebel über dunklem Boden. Warum nur ist das so, daß das Helle nicht bleibt und das Warme sich immer wieder erschöpft? Warum ist das so, daß das Lachen nicht anhält und die Trauer sich immer wieder einschleicht?
Ich will das volle Leben. Ich will die runde Heiterkeit. Ich will das Dunkle nicht. Ich habe Sehnsucht nach dem Sommer.
Kann es sein, daß ich nicht richtig hinsehe? Kann es sein, daß nicht Dunkelheit, Trauer, Melancholie das Leben mindern, sondern meine Sicht der Dinge?
Kann es sein, daß das Dunkle nur anders ist als das Helle und doch in *beidem* Leben liegt? Kann es sein, daß das eine ohne das andere gar nicht sein kann, daß das eine das andere bedingt?
Es könnte ja sein, daß das Helle und Dunkle sich an einem Ort verbinden, den ich nur deshalb nicht erblicke, weil ich so kurzsichtig bin.

Nur dann

Nur dann, wenn wir noch einmal dem begegnet sind, was uns übermäßig beschwert, verbogen und verletzt hat, gelangen wir zu einer realistischen Sicht auch jener vergangenen Dinge im Leben, die gut, wichtig und schön waren. Solange jedoch die dunklen Bilder der alten Zeit dominieren, kommen uns die hellen nicht in den Blick.

Nur dann, wenn wir hinreichend dem begegnet sind, was uns übermäßig beschwert, verbogen und verletzt hat, sind wir auch bereit, nicht nur auf das zu sehen, was andere uns „angetan" haben, sondern auch auf das, wofür wir selbst verantwortlich sind.

Selber lieben

Philosophen, Theologen, Pädagogen, Künstler, Weise, Sänger, viele, die vom Leben viel wußten und wissen, haben es gesagt, gemalt, besungen, dargestellt, vorgelebt, beschworen, daß nichts freier macht, beglückender und auch gesünder ist als – zu lieben, selber zu lieben.
Und alle, die diese Botschaft hören, bedenken, auf sich wirken lassen, sagen ja zu dieser Weisheit, stimmen zu, sind gerührt, sind berührt, spüren Gänsehaut auf ihrem Rücken, wollen endlich selber damit beginnen.
Dann legen sie das Buch beiseite, schauen weg vom Bild, verlassen den Konzertsaal, verabschieden sich von ihrem Weisen – und werden wieder „Realisten".
Worin liegt das „Geheimnis" dieses Widerspruchs?
Alle genannten Menschen- und Liebeskenner haben auf diese Frage viele kluge und einsichtige Antworten gegeben. Geändert hat sich dadurch nichts. Vielleicht hilft nur eines: sich einzudenken, einzufühlen, sich zu veranschaulichen – in der Stille, lange genug und immer wieder – was wohl wäre, wenn wir lieben würden?

Zuhören

Wie wohltuend ist ein Mensch, der zuhören kann. Deshalb wird ihm auch viel Sympathie entgegengebracht. Wer zuhören kann, hört hin auf das, was der andere sagt, hört sich ein in das, was ihm fremd erscheint. Er kommt nicht gleich mit Einwänden, Kritik oder Vorschlägen.

Er nimmt zunächst nur auf, was der andere sagt, nimmt ihn mit (inneren) offenen Armen auf. Und der andere fühlt sich angenommen.

Wer zuhören kann, entbindet in dem, der spricht, nicht selten gute Erinnerungen und neue Einsichten, befreiende Selbstkritik und ermutigende Selbsterfahrungen und manches andere mehr.

Wer zuhören kann, gibt dem anderen Zeit und Raum und für die Dauer des Gesprächs auch Heimat.

Der schwärzeste Tag

Vielleicht ist heute für dich der schwärzeste Tag des Jahres.
Vielleicht aber liegt er schon längere Zeit zurück und dunkelt trotzdem noch deine Seele ein.
Der schwärzeste Tag ist einer, an dem die Kluft zwischen dem, was du willst, und dem, was dir „das Leben" zumutet, größer ist als an allen anderen Tagen. Welche Bedeutung jedoch dieses Schwarz in der Farbkomposition deines gesamten Lebens haben wird, bleibt dennoch abzuwarten. Wie aber wird man, fragst du, mit einem solchen Tag fertig, wenn man ihn noch ganz nahe fühlt?
Auf jeden Fall nicht so, daß du ihn verdrängst. Denn wenn du ihn verdrängst, führt er in den dir nicht bewußten Gewölben deiner Seele ein eigenes Dasein, auf das du keinen Einfluß mehr hast.
Nimm lieber Beziehung zu all dem auf, was an diesem Tage war.
Sieh dir an, was geschah. Beschönige nichts, dramatisiere nichts. Nenn alles beim Namen. Denn was du beim Namen nennst, bleibt nicht getrennt von dir, gehört zu dir, gelangt in deinen Einflußbereich.
Dann – irgendwann – wirst du schon bemerken, wann du damit aufhören kannst, den schwärzesten Tag auch so zu benennen.

Der glücklichste Tag

Vielleicht ist für dich heute der glücklichste Tag des Jahres. Vielleicht jedoch stellt er sich morgen ein.
Den glücklichsten Tag muß man feiern, am besten mit Freunden. Denn für das Glück braucht man, wie für das Unglück, Zeugen.
Vor allem ist wichtig, sich den ganzen bunten Reigen dieses Tages wieder und wieder zu vergegenwärtigen, beim Namen zu nennen, sich einzuverleiben und also zu verinnerlichen. Denn wer sich die mit dem Glück verbundenen Gefühle so weit wie möglich angeeignet hat, ist nicht nur reicher als zuvor, er sammelt auch Gründe für Hoffnung, die er an jenen Tagen braucht, an denen das Wasser des Lebens nur noch als schmales Rinnsal fließt.
Der glücklichste Tag ist schließlich immer auch eine Herausforderung dazu, tiefer noch als bisher daran zu glauben, daß unter jeder vergrauten Zeit das Stück Leben liegt, das heute den Tag zu einer Lebensgala machen kann.

Eine Frage

Ist das, was du jetzt tust und erlebst,
das, was du wirklich willst?
Ist das, woran du jetzt leidest,
das, woran du leiden mußt?
Ist das, wonach du dich sehnst
das, was tatsächlich unerfüllt bleiben muß?

Ist das, was du bislang an Engagement für deine Weiterentwicklung aufgebracht hast, das, was du aufbringen konntest?
Es gibt eine Seinsfaulheit, die zur Seinsfäulnis führen kann. Sie zeigt sich nicht nur im Mangel an Taten, sondern auch und besonders in der Trägheit bei der Suche nach sinnvollem Leben.

Was wir am meisten lieben

Das, was wir am meisten lieben, ist das, dem wir unsere beste Zeit geben sollten.
Das, was wir am meisten lieben, ist das, was durch uns noch liebenswerter werden könnte.
Das, was wir am meisten lieben, ist das, was auf uns vielleicht am meisten angewiesen ist.
Das, was wir am meisten lieben, ist das, was wir am ehesten festhalten wollen.
Das was wir am meisten lieben, ist das, was mehr als alles andere Freiheit braucht.

Oktober

Frei sein vom Urteil anderer

Einmal habe ich in einer Gruppe befreite Gesichter gesehen. Ich hatte die Teilnehmer gebeten, fünfzehn Minuten lang zu schweigen und sich in die Vorstellung einzuleben, wie sich ihr Leben veränderte, wenn sie freier wären vom Urteil anderer Menschen. Selbstverständlich wirkten die Gesichter erst befreit, *nachdem* sich die Teilnehmer auf diesen Traum (der keiner bleiben muß) eingelassen hatten.

Auf-Schrei

Einmal braucht das jeder: den festgehaltenen Schrei der Seele loszuschicken, sich aus-zuwüten und zu empören.
Jeder?
Jedenfalls der, den die Seile der alten Zeit noch immer aus dem Gelände der Gegenwart in die Un-Zeit der Vergangenheit zurückziehen.
Der Geist ist zwar oft willig, über das Alte den Mantel des Vergessens auszubreiten, die Seele jedoch hat oft damit ihre liebe Not.
Es ist nobel, angesichts der Schwere der alten Zeit nie aus der Haut zu fahren. Es ist respektabel, auf geistigem Wege frühere Verletzungen bewältigen zu wollen. Es ist jedoch keineswegs ehrenrührig, für eine gewisse Zeit der Seele die Schleusen zu öffnen, wenn die Trauer, die Wut und die Verzweiflung stärker sind als die innere Freiheit angesichts der alten Last.
Der Auf-Schrei der Seele ist manchmal die letzte Möglichkeit eines Menschen, die Tür zu seinem eigenen lebendigen Leben öffnen zu können.

Die Melancholie und der Zorn

Die Melancholie trug schwerer noch als sonst an ihrem Los, im Leben sein zu müssen. Sie war ganz von Dunkelheit umfangen, als ihr der Zorn begegnete.

Deshalb auch traf seine Frage sie besonders schmerzhaft: „Sag einmal, wozu bist du da?"

Ihr Atem stockte, als sie nach einer Antwort suchte. Dann sagte sie: „Ich weiß es nicht genau. Doch glaube ich, daß ich dem Menschen, der uns Heimat gibt, die Abgründe dieses Lebens zeigen soll."

Der Zorn schwieg eine Weile. Er schien nachzudenken. Dann blitzten seine Augen, als er ihr entgegnete: „Kannst du überhaupt die Abgründe erkennen, wenn du die Höhen nicht suchst?"

Wenn ich einen ganz wichtigen Satz gelesen habe

Wenn ich einen für mein Leben ganz wichtigen Satz gelesen habe…

… kann ich über die Gänsehaut staunen, die sich rasch über meinen Rücken ausbreitet.

… kann ich ihn in mein Merkheft schreiben, in dem schon andere Sätze dieser Art stehen.

… kann ich ihn schriftlich ausarbeiten.

… kann ich danach fahnden, welcher geistesgeschichtlichen Richtung er zuzuordnen ist.

… kann ich ihn tief bewegt meinem Freund mitteilen.

… kann ich mit ihm missionarisch tätig werden.

… kann ich ihn öffentlich diskutieren.

… kann ich mir sofort verbindlich vornehmen, ihn auf mein Leben anzuwenden.

… kann ich mir vornehmen, ihn zu gegebener Zeit auf mein Leben anzuwenden.

… kann ich gleich weiterlesen in der Erwartung, daß ich noch andere ganz wichtige Sätze für mein Leben finden werde.

Wenn ich einen für mein Leben ganz wichtigen Satz gelesen habe, kann ich auch aufhören zu lesen, die Stille suchen und diesen einen ganz wichtigen Satz auf mich einwirken lassen, einwirken lassen, einwirken lassen.

Sich ängstigen ist menschlich

Ängste gehören zum Menschen. Sie sind ein Teil von uns. Sie warnen und mahnen uns, und deshalb braucht sie jeder. Sie spannen uns an, wenn An-Spannung erforderlich ist, sie fordern uns zu Höchstleistungen heraus, wenn solche Leistungen uns das Leben bewahren. Und vieles, was Menschen an Großartigem vollbrachten, gelang ihnen nur, weil Angst ihr Spiel vorantrieb. Nein, man muß nicht jede Angst überwinden, selbst jene nicht, die andere sich nicht einmal vorstellen können. Man muß nicht unbedingt im Tiefen schwimmen, auf Pferden reiten, in Höhlen wandern, auf Türmen Ausschau halten. Man kann sogar auf Fahrstühle verzichten, Spinnen aus dem Wege gehen, um Hunde einen Bogen machen. Man muß nicht unbedingt jede Angst überwinden, weil vieles, wovor wir uns fürchten, nicht zur Mitte des Lebens gehört.
Es gibt Ängste, die neurotisch genannt werden und doch im konkreten Falle gar nicht neurotisch sind. Denn es gibt Ängste, die reale Gründe haben aus der Sicht von Menschen, die manches im Leben sensibler spüren als manche ihrer Zeitgenossen.
Wer allerdings seine Ängste um fast jeden Preis überwinden will, sollte sich fragen, ob er es möchte, um mehr Freiheit zu gewinnen – oder deshalb, weil er mit Schwächen schwer leben kann. Sollte das letztere der Fall sein, wäre die Angst nicht sein größtes Problem …

Der Mut und die Angst

Auf einem ihrer vielen weglosen Wege begegnete die Angst wieder einmal dem Mut. Sie hatte sich schon lange vorgenommen, ihn zu fragen, woher er seine Kraft zum Leben bekomme.
Der Mut rieb sich – er war ein wenig verlegen geworden – sein linkes Auge und suchte nach einer Antwort. Doch schien er die Worte nicht zu finden, die er der Angst gern gesagt hätte.
Dann gab er sich einen Ruck, legte seine starken Arme auf die schmächtigen Schultern der Angst und sagte, indem er sie freundlich ansah: „Also, meine Kraft zum Leben – ich bekomme sie von den Vögeln unter dem Himmel und den Fischen im Wasser, vom Sturm und von der Sonne, von der Musik und dem Lachen der Kinder…“ Er hörte gar nicht auf, all das aufzuzählen, was ihm Kraft zum Leben gab. Und als er bemerkte, daß die Angst nicht mehr gut zuhören konnte, schaute er sie noch einmal fest an und sagte: „Also – meine Kraft zum Leben – ich bekomme sie von der Liebe zum Leben.“

Angst vor der Angst

Ein Prüfling verläßt den Raum, in dem er gerade sein Examen bestanden hat. „Das war ja halb so schlimm", sagt er, nachdem er begriffen hat, daß er tatsächlich nicht gescheitert ist. Diesen oder ähnliche Sätze hören wir oft von Menschen, nachdem sie die Felder der Angst hinter sich gelassen haben.
Wenn die Angst kommt, täuscht und verwirrt sie uns, verzerrt sie unsere Bilder. Dann stört sie unsere Wahrnehmung, hält uns scheinbar eindeutige Beweise vor Augen, drängt unser Vertrauen zurück, ist unser Gegenspieler. Das Schlimmste an der Angst jedoch ist die Angst vor der Angst selbst.
Und doch: In dem Augenblick, in dem wir uns in einer Situation befinden, vor der wir uns fürchteten, stellen wir uns dem, was kommt (in der Regel jedenfalls). Dann werden unsere Gedanken zu einem nicht geringen Teil von der Angst ab- und zu dem hingelenkt, worum es jeweils geht. Wenn wir uns auf diese Erfahrung verließen, verlöre die Angst – schon heute – ihre lebenszersetzende Macht.

Der Schmerz als Freund

Der Schmerz, der aus der Seele kommt, ist nicht dein Feind. Eher ist er, so merkwürdig es klingt, dein Freund. Er zieht seine Bahn von jenem Ort der Seele, an der sie verdunkelt, verwundet, verletzt, verknotet ist, bis hin ins helle Licht deines Bewußtseins. Und dorthin will er auch – um dich aufzuwecken, aufzurütteln und dich aufmerksam zu machen auf das, was du in deiner eigenen Seele nicht zur Kenntnis nimmst, nicht wahrhaben willst, nicht wahrmachst.
Der Schmerz der Seele gleicht dem Fieber des Körpers. Beide sind ungeliebt, doch beide wollen nur das eine: mahnen, warnen, herausfordern zum Leben, solange noch Zeit ist.

Deine Musik

Kennst du *deine* Musik?
Die Musik, die dich wie keine andere schon bald, nachdem du sie zu hören begonnen hast, verändert? Und die, wenn sie dich ausgefüllt hat, noch lange in dir nachwirkt?
Wenn du deine Musik kennst, weißt du auch, daß sie für dich mehr ist als gute Medizin. Sie ist ein Lebenselixier für dich, das dich ein-stimmt und einschwingt in deine besten Gefühle. Sie dringt in fast jede Dunkelheit hinein und drängt fast jede Dunkelheit hinaus.
Musik, die zu dir gehört, ist farbig gewordener, schwingender Geist, der dich auswärmt, ausweitet und ausrundet wie wenig anderes auf der Welt.

Sich einen Liebesbrief schreiben

Hast du dir schon einmal einen Liebesbrief geschrieben? Wenn nicht, dann weißt du nicht, wie gut das tut.
Du kannst dir ein schönes Bild von dir auf den Schreibtisch stellen, dich längere Zeit anschauen und dann zu schreiben beginnen. Und wenn es dir möglich ist, verzichte darauf, dich problematisch zu finden. Schreib dir so, wie du einem Freunde zum Geburtstag schreiben würdest.
Manchmal mußt du bewußt das Dunkle ausblenden, wenn du dich selbst im Blick hast. Es kann sein, daß du dich dann so siehst, wie dich dein Freund sieht. Und Freunde sind, wenn sie wirklich Freunde sind, realistisch genug.

Es geht nicht nur um mich

Ich lebe nicht allein in dieser Welt. Deshalb dreht sich das Leben nicht nur um mich.
Nicht nur ich habe manchmal Sorgen,
andere haben sie auch.
Nicht nur ich möchte von meiner Freude erzählen,
andere möchten auch ihr Glück mitteilen.
Nicht nur ich habe Fähigkeiten,
andere sind auch begabt.
Nicht nur mich braucht man,
die anderen braucht man auch.
Nicht nur ich warte darauf, von anderen gesehen zu werden, auch andere warten darauf.
Ich lebe nicht allein in dieser Welt. Deshalb dreht sich nicht alles um mich.

Der nächtliche Besuch des Herzens

Manchmal, wenn es Nacht geworden ist, traut sich das Herz hervor und begibt sich in das benachbarte Land der Träume. Da staunt es und weint, da weint es und staunt. Da sieht das Herz die vielen guten Wünsche des Menschen, für den es schlägt. Da sieht es die Wünsche, die er leben könnte – und nicht lebt, sieht die freien Wege, die er gehen könnte – und nicht geht. Es sieht das viele unverbrauchte Leben, das da liegt und darauf wartet, darauf wartet …
Da steht das Herz und weiß sich keinen Rat – und wendet sich ab und dunkelt sich ein.

Ein richtiger Mensch

Wie sollte ein Mensch sein?
Der, an den ich denke, war anders als die anderen. Er war ein Mann und ging doch zart mit Menschen um. Er war klar, in seiner Klarheit jedoch nicht hart. Er war wahrhaftig, doch er verletzte nicht.
Der Mann aus Nazareth, an den ich denke, war bestechend in seiner Fähigkeit, Zartheit, Klarheit und Wahrhaftigkeit miteinander zu verbinden – und war deshalb auch kein Moralist.
Er liebte die Menschen und in den Menschen das Leben. Und weil er das Leben liebte, war ihm der Ursprung des Leben so vertraut. Darum auch sprach er von Gott so anders als die anderen.
Man hat ihn geliebt, weil er so wissend war und dabei gütig. Man hat ihn gehaßt, weil er den anderen sagte, was sie vor sich selbst verbargen.
Der Mensch aus Nazareth – er zieht mich immer wieder an, denn er hat vorgelebt, daß Menschen menschlich leben könnten.
Der Mensch aus Nazareth – er war ein richtiger Mensch.

Gerechtigkeit

Kleine Ungerechtigkeiten erleben wir ständig, große manchmal. Aber gerade die großen sind es, die unser Leben nachhaltig bestimmen können.
Sie sind mir wohl vertraut. Ich weiß, wie schwer es ist, sie auszuhalten. Ich kenne die ohnmächtige Wut, die aufkommt, wenn man vor roten Grenzen steht und voll Verzweiflung gegen deren Mauern trommelt. Ich kenne auch die Einsamkeit, die einem den Atem nimmt, wenn keiner da ist, der es wagt, das, was geschah, beim Namen zu nennen.

Lange Zeit habe ich das Wort von der „höheren Gerechtigkeit" nicht ohne Spott belächelt. Das Wort fand ich eher peinlich. Es war für mich Ausdruck einer ausweichlerischen Haltung dem Leben gegenüber.
Heute denke ich darüber anders, denn ich habe die „höhere Gerechtigkeit" erfahren. Ich begegnete ihr, als ich, wenn auch sehr ungläubig, auf sie zu warten begann.

Boden unter den Füßen ahnen

Es gibt Träume, die uns tiefe, allgemein-menschliche Einsichten in unser Leben mitteilen. Diese Träume sind Teil der Weisheit der Völker. Sie sind auf rätselhafte Weise auch unserem unbewußten Geist bekannt. Heute nacht hatte ich einen solchen Traum. Er handelte davon, daß man manchmal keinen Boden unter den Füßen sieht, obwohl er da ist.
Ich sah auf ein weites und bewegtes Meer. Es schien so, als habe es nur Untiefen. Ich begann, mich zu ängstigen. Da tauchte aus dem Wasser eine große, herrlich geschwungene weiße Sandbank auf, wie ich sie nie gesehen hatte. Sie lud mich geradezu ein, mich auf ihr niederzulassen oder auf ihr zu wandern. Ein tiefes Glücksgefühl durchzog mich.
Manchmal scheinen wir keinen Boden unter den Füßen zu haben, keinen erkennbaren. Doch daß wir so empfinden, liegt häufig an unserer Wahrnehmung, nicht an der Wirklichkeit. Wir sprechen oft von Realitäten und meinen das, was wir vor Augen sehen. Die Wirklichkeit jedoch ist tiefer und umfassender als die Realität. Sie zeigt sich allerdings nur dem, der das, worauf er blickt, nicht für die Grenze des Lebens hält.

Der Schatz im Leben

Wenn einmal der Abend deines Lebens da ist, wenn die letzten Runden vor dir liegen – was möchtest du dann erreicht haben?
Welchen Schatz möchtest du dann in deinen Händen haben? Worüber möchtest du dich am meisten freuen können? Worauf vielleicht auch stolz sein? Worauf möchtest du dann – im Blick auf dein ganzes bisheriges Leben – am wenigsten verzichten wollen?

Auf dein Geld, auf deine Geltung? Auf deine erlebten Amouren?
Darauf, daß du dir und anderen treu gewesen bist?
Darauf, daß du immer „durchgekommen" bist?
Darauf, daß du dich weiterentwickelt hast?
Auf deine Freunde? Auf deinen Einfluß auf andere?
Auf deine Gesundheit? Auf deine Stärke?
Darauf, daß du immer mehr Zusammenhänge erkennen konntest? Darauf, daß du immer mehr lieben konntest?
Wir müssen schon wissen, woraufhin wir leben wollen, weil unser Leben nicht nur ein Ende hat, sondern auch ein *Ziel*. Von dem Ziel hängt ab, auf welchen Wegen wir uns ihm nähern. Und solltest du schon alt sein und deine letzten Runden laufen – es ist die Gunst des Lebens, daß wir in jeder Zeit, auch in der letzten, das finden können, wonach unsere Seele von Anfang an gesucht hat.

Kritik

Kritik brauchst du nicht zu fürchten.
Wenn dir einer, der es gut mit dir meint, Kritisches sagt, kannst du ihm getrost zuhören und das, worum es geht, verändern.
Wenn dir dagegen jemand mit Kritik kommt, der dir nicht wohlgesonnen ist, kannst du prüfen, ob du das, was er vorbringt, nicht doch berücksichtigen solltest – zu deinem eigenen Vorteil.
Den aber erkennst du schon von fern, der Kritik mit Vorwürfen verwechselt und der nur seinen eigenen Unmut ausgerechnet auf dich abladen will.

Mit der Angst nicht eins sein

Der „Teil“ in uns, der Schmerz fühlt, ist selbst frei von Schmerz. Der „Teil“ in uns, der Melancholie fühlt, ist selbst frei von Melancholie. Der „Teil“ in uns, der Angst spürt, ist selbst frei von Angst. Damit ist gesagt, daß jeder Mensch, der Schmerz, Melancholie, Angst oder andere bedrängende Gefühle spürt oder wahrnimmt, „mehr“ ist als sein Problem – und also „mehr“ als das, was ihn stört, behindert, einengt oder krankmacht. Diese Tatsache kann für leidende Menschen große Bedeutung gewinnen.
Wenn du z. B. viel Angst hast, dann laß in der Stille die folgenden Sätze auf dich ein-wirken. Merk sie dir vorher gut, damit du dich nicht ständig an sie erinnern mußt. Du kannst auch einen Vertrauten darum bitten, sie einige Male für dich zu sprechen, so daß du dich leichter auf den Inhalt einlassen kannst:
Ich habe Angst – aber die Angst hat nicht mich.
Die Angst bindet sich an mich – aber ich binde mich nicht an sie.
Die Angst stört mich – aber ich verliere nicht meinen Standort.
Die Angst ist das eine – ich selbst bin das andere.
Ich bin „mehr“ als meine Angst.
Ich bin „mehr“ als meine Not.
Ich bin ich selbst.
Ich fühle mich selbst.

Vom inneren Schmerz

„Ach, ich hab in meinem Herzen darinnen einen wundersamen Schmerz." Kennst du das Lied? Du kennst auch das Gefühl? Dann weißt du auch, daß dieser Schmerz sich nicht auf etwas Konkretes beziehen muß.

Es kann sein, daß vieles in deinem Leben stimmt, und trotzdem ist da dieser Schmerz, den du noch besser verstehst, wenn du dich an das melancholische Gesicht des großen Clowns erinnerst.

Wundere dich nicht über dieses Gefühl. Laß es manchmal zu. Es ehrt dich, wenn du es kennst und du dich von ihm berühren läßt. Dieser Schmerz weht etwas hoch aus der Tiefe deines Herzens. Der Schmerz weht die verhangenen Bilder vom Paradies hoch, erinnert dich an die noch immer wartenden, noch immer nicht gelebten Möglichkeiten, die du im Grunde hast.

Wenn du diesen Schmerz zuläßt, dann läßt du das zum Vor-Schein kommen, was auch du im Grunde bist und willst und sein kannst.

Laß dich nur nicht beirren von denen, die so tun, als wüßten sie über deinen Schmerz Bescheid.

Sich festhalten – sich aufgeben

Jeder Mensch ist sowohl ein Individuum als auch ein Gemeinschaftswesen. Deshalb lebt nur der „ganz", der beide Seinsweisen lebt.
Lebe ich über-mäßig in der Gemeinschaft anderer, tendiere ich dazu, mich selbst aufzugeben. Lebe ich dagegen in zu starkem Maße die individuelle Seite aus, werde ich egozentrisch. Für die Entwicklung der Persönlichkeit ist das eine ebensowenig förderlich wie das andere.

Sein Herz sprechen lassen

Manchmal wissen wir nicht mehr weiter. Wir stehen am Scheideweg. Keiner ist da, der uns sagt, welcher Weg der richtige für uns ist. Jeder sagt nur: „Das mußt du selber wissen." Wir haben alles durchdacht. Wir haben alles durchfühlt. Trotzdem kommen wir zu keiner Entscheidung.

Dann ist es gut, so weit wie möglich die Gedanken zur Ruhe kommen zu lassen und auf das zu hören, worauf wir vielleicht schon lange nicht mehr gehört haben: auf das eigene Herz. Denn das Herz kennt jene tieferen Orte, von denen unsere wichtigen Wege ihren Ausgang nehmen. Kann man lernen, auf das eigene Herz zu hören? Lernen kann man es nicht, tun kann man es.

Stehen bleiben

Ich bewundere Somi. Somi ist ein kleines Islandpferd. Somi steht auf einem Hof mit Pferden, die größer und stärker, nicht aber mutiger sind als er. Es kommt nicht selten vor, daß eines der größeren Pferde mit der Absicht auf ihn zuläuft, ihn attackieren zu wollen. Und dann geschieht das, weswegen ich ihn bewundere:

Er bleibt stehen, hebt den Kopf, läßt den Gegner kommen und zwingt ihn dazu, selbst stehen zu bleiben, weil auch er sonst zu Schaden käme. Die Verblüffung auf Seiten des Angreifers scheint jedes Mal wieder perfekt zu sein. Er trollt sich davon, und Somi grast in Ruhe weiter.

Nicht ausweichen, wenn der Gegner naht, ihn erhobenen Hauptes kommen lassen, aufrecht stehen bleiben – Somis Haltung ist mir eine Anweisung zum Leben geworden.

Bestimmte Bedingungen

Du brauchst, sagst du, bestimmte Bedingungen, um dein Leben wirklich gut finden zu können: z. B. deine Familie, deine Anerkennung im Beruf, deine gute wirtschaftliche Absicherung. Und ich wünsche dir, daß du diese Bedingungen hast oder in Zukunft haben wirst.
Doch wünsche ich dir auch, daß du weißt, was deine Seele sonst noch braucht, damit sie mit dir einverstanden ist, z. B. innere Freiheit, Mut und ganz viel Liebe zum Leben.

Mein Leben selber führen

Manchmal geht mir auf, was es bedeutet, daß ich selbst mein Leben *führen* darf, muß und kann. Wenn mir das Gefühl für diese nicht faßbare Gunst und Verpflichtung nahekommt, spüre ich ganz intensiv, daß ich mich innerlich aufrichte, mich wert fühle, mein Leben liebe.

Wenn ich fühle, daß es an *mir* liegt, wie ich durch meine Tage gehe, dann füllt sich das spröde Wort Selbstverantwortung mit Farbe. Dann ahne ich, daß manches, was ich als Schicksal beklage, nichts anderes war und ist als Ausdruck meiner nicht gelebten Möglichkeiten.

Ich darf, ich muß, ich kann mein Leben selber führen. Wenn ich diese Einsicht fühle, verblassen die Gedanken an alte Verletzungen, an die scheinbar böse Welt, an all das, was das trotzige Kind in mir so gern zitiert, um eigenes Versagen anderen und anderem anzulasten.

Das große Leben überläßt es mir, ganz für mich selbst verantwortlich zu sein. Welche Verpflichtung, welche Gunst!

Lebenssinn für einen anderen

Es gibt für einen Menschen kaum Niederdrückenderes, als der Lebenssinn für einen anderen zu sein. Wenn z. B. die Frau für den Mann, der Sohn für die Mutter, der Freund für den Freund der Lebenssinn, also „ein und alles“, ist, dann wird diese „Liebe“ für den anderen zu einem kaum tragbaren Joch. Es kann sein, daß der Mensch, der mit diesem Joch zu leben hat, lange Zeit wenig oder nichts davon bemerkt. Doch irgendwann, wenn er seiner eigenen Wege gehen will – im großen oder kleinen – gerät er in Konflikte, die ihn zu Boden zwingen können, dann nämlich, wenn der, der sich an ihn gehängt hat, ihn nicht loslassen will. Schuldgefühle, Wut und Mitleid sind nur einige der Gefühle, die ihn bis zur Verzweiflung treiben können – bis er begreift, daß kein Mensch das Recht hat, auch nicht einer, die Verantwortung für sein eigenes Leben einem anderen aufzuhalsen und sich ihm anzuhängen.
Wenn sich der Unterjochte endlich zu befreien begonnen hat, tut er gut daran, sich immer wieder zu vergegenwärtigen, was er tatsächlich ist: ein Mensch mit eigener Individualität, eigener Geschichte und eigenem Sinn.
Es kann sogar sein, daß durch seinen Widerstand der von ihm Abhängige endlich auch zur Selbst-Besinnung kommt. Doch wenn schon der eine seine eigene Sinnerfahrung verweigert, muß nicht auch noch der andere daran zugrunde gehen.

Leidenslosigkeit

Stell dir vor, du hättest nie gelitten!
Stell dir vor, du hättest keine Angst erlebt, du hättest nie getrauert, du wärest nie belogen und niemals mißverstanden worden, du kenntest keine Sehnsucht und wüßtest nichts von Verzweiflung – kein geliebter Mensch hätte dich je verlassen, kein verhaßter Mensch hätte dich je angegriffen, keiner hätte dich je bloßgestellt.
Stell dir vor, du hättest keine Erfahrung mit Leiden – dann hättest du auch keine Erfahrung mit Glück.

Sich nicht verstanden fühlen

Es gibt Stunden, da fühlst du dich nicht verstanden. Du findest keine Worte mehr für das, was du unbedingt sagen möchtest. Die Brücke zwischen dir und dem anderen ist nicht mehr da. Du fühlst dich mutterseelenallein – wie auf einer Insel, getrennt von allen und allem. Du siehst nichts Gutes mehr in dir und um dich herum. Gefühle verschiedener Art durchziehen deine verletzte Seele: Da ist Trauer, da ist Wut, die Einsamkeit fühlst du am deutlichsten, auch Scham und manches andere mehr. Du kannst den Knoten einfach nicht lösen.

Diese Stunden sind nicht immer die schlechtesten. Es kann sein, daß du zum ersten Mal begreifst, was dich in eine solche Situation bringt: deine Rechthaberei, deine übermäßigen Forderungen, dein blanker Egoismus mit den bekannten Spielarten. Es kann aber auch sein, daß du in diesen Stunden endlich zu verstehen beginnst, daß du in deinen Stimmungen viel zu sehr davon abhängig bist, dich von anderen verstanden zu fühlen. Manchmal jedoch bleibt dir nichts anderes übrig, als darauf zu warten, daß sich der Knoten in dir oder dem anderen zu lösen beginnt. Wichtig dabei ist nur, daß du dem Warten eine Chance gibst und nicht aus Wut, Verzweiflung oder barer Lust an Selbstzerstörung Entscheidungen triffst, die der Situation völlig unangemessen wären. Auch Knoten solcher Art sind nichts anderes als Teile unseres Lebens.

Erziehung

Die Verkäuferin im Bäckerladen blieb immer freundlich, obwohl ich selbst – wegen der Frühe des Morgens und ihrer scheinbar seltsamen Ausstrahlung – mich ihr gegenüber wenig freundlich verhielt.
Heute wünschte sie mir wieder, und wieder offensichtlich herzlich, ein gutes Wochenende. Ich staunte: Mein Gesicht erhellte sich wie von selbst, und auch ich wünschte ihr eine gute Zeit, und offensichtlich herzlich.
Die Frau gibt mir zu denken.

Sich einem Menschen öffnen

Wer einen Menschen nur beobachtet, lernt ihn nicht kennen. Er sieht ihn distanziert, weil er ihm nicht nahe ist. Und weil er ihm nicht nahe ist, bleiben ihm die Feinheiten verborgen, die den anderen unverwechselbar machen.
Nur wer sich einem Menschen nähert, sich auf ihn einläßt, sich ihm öffnet, sich auch verletzen läßt –, nur wer es wagt, die eigene Maske abzulegen, wird unter dem Gesicht des anderen zu sehen bekommen, was er vorher niemals sah.

Der Raum der Freiheit

Manchmal erkundige ich mich wieder einmal nach meinen Grenzen, nach dem also, was ich nicht gut kann, worin ich mich bescheiden muß, was viele andere anders und besser machen als ich selbst.
Diese Erkundigung tut mir gut. Bei manchen Grenzen darf ich weiterhin darauf hoffen, daß ich sie – im Laufe der Zeit – noch ein wenig weiter hinausschieben kann. Bei anderen weiß ich inzwischen, daß sie unverrückbar stehenbleiben werden. So gewinne ich allmählich Klarheit, woran ich persönlich weiterarbeiten muß und woran nicht.
Und dann zeigt sich noch etwas: Je klarer mir meine Grenzen werden, desto klarer wird mir auch, worauf ich mich bei mir selbst verlassen, worin ich mir selbst trauen kann. Je klarer mir meine Grenzen werden, desto klarer wird mir auch der Raum meiner vielgeliebten Freiheit.

Du darfst keinen Tag verlassen

Du darfst keinen Tag verlassen, ohne bemerkt zu haben, daß ein anderer deinen Blick gesucht hat.
Du darfst keinen Tag verlassen, ohne einmal einen Menschen angelächelt zu haben.
Du darfst keinen Tag verlassen, ohne dich einmal über dich selbst gefreut zu haben.
Du darfst keinen Tag verlassen, ohne über etwas Konkretes gestaunt zu haben.
Du darfst keinen Tag verlassen, ohne einmal neugierig gewesen zu sein.
Du darfst keinen Tag verlassen, ohne einmal geglaubt, geliebt, gehofft zu haben.
Du darfst es nicht – deinetwegen und unseretwegen.

November

Wo die Freude zu Hause ist

Vieles, was uns gelingt, erfreut uns. Wir freuen uns über ein Wort, über ein Lächeln, über eine Musik. Diese und viele andere Freuden haben erkennbare Gründe.
Vielleicht jedoch gibt es noch einen anderen Grund. Eine Frau, die ein schweres Schicksal zu tragen hatte und vom Leben weithin abgeschnitten war, erzählte mir einmal, die Freude habe sie nachts geweckt. Der Tag zuvor sei grau wie jeder andere gewesen, sie könne sich auch nicht an einen Traum erinnern. Sie sei nur erwacht mit dem Gefühl, ganz ausgefüllt zu sein von einer einzigen warmen Freude.

Ob diese Freude in uns wohnt?
Ob sie im Grunde zu jedem Menschen gehört?
Dann wäre diese Freude *Lebensfreude*, also Freude nicht nur an diesem und jenem, sondern Freude am Leben selbst.

Ob man sie rufen kann?
Rufen vielleicht nicht,
aber sich ihr öffnen.

Jedes Stück Leben

Der alte Schmerz hat mich wieder einmal eingeholt. Und wieder tut er weh, fast wie am ersten Tag. Auch die Gedanken, die mit ihm verbunden waren, sind wieder da, und auch sie sind kaum verändert.
Hab ich denn nichts bewältigt in all der langen Zeit? Wann hört das auf, das alte Lied von jenem Leben, in dem ich wund war und verletzt – und Fehler machte, viele Fehler?

Das, was zum Schmerz führte, war Leben.
Die Erinnerung daran ist Leben.
Daß ich mit manchem niemals fertig werde, ist Leben.
Und jedes Stück Leben will von mir geliebt werden.

Liebe zum Leben

Ich kenne einen alten Mann. Wir kennen uns schon lange. Nur wenige Menschen achte ich so wie ihn.
Er ist seit mehreren Jahrzehnten seelisch krank, und seit mehreren Jahrzehnten drängt es ihn immer wieder zum Selbstmord.
Einmal habe ich ihn gefragt, warum er seinem Drang immer wieder widerstehen könne. Darauf hat er geantwortet: „Ich hätte doch das Leben verloren – verstehen Sie? – das *Leben*!

Gut zu sich sein

Ein Geschenk kann ich verweigern, ich kann es auch annehmen. Ich kann es auswickeln, ich kann es auch verpackt in die Ecke legen. Ich kann es pflegen, auch ramponieren, achten, auch zerstören.
Du bist dir gegeben. Ob du dich *angenommen* hast?
Wer sein Leben als Geschenk betrachtet und angenommen hat, ist ein Mensch, der gut zu sich ist. Wer gut zu sich ist, fühlt sich für sich selbst zuständig, vor allem dafür, daß es ihm gutgeht. Er achtet auf sich. Er geht durch die Zeit in dem Bewußtsein, daß jeder Tag ein Geschenk für ihn ist. Du kannst nicht gut zu dir sein, weil du so bist, wie du dich nicht haben willst?
Wenn du so redest, haben wir uns nicht verstanden. Du sollst nicht gut zu dir sein, wenn du schön, leistungsstark, originell oder beliebt bist. Du sollst gut zu dir sein, weil du *du* bist, weil du nur dich hast, weil kein anderer als *du* dazu berufen ist, gut zu dir zu sein.
Dir bist du geschenkt – dir!
Willst du überhaupt gut zu dir sein?
Zerdenk nicht diesen Satz. Laß ihn auf dich wirken. Laß ihn in deine Seele einziehen wie eine gute Salbe. Du wärest nicht der erste, dem diese Frage gutgetan hätte.

Leid gestalten

Jedes Leid, das ein Mensch gestaltet,
erweitert seine Persönlichkeit.
Die Freiheit dazu haben die meisten,
die Bereitschaft jedoch,
sie auch in schweren Zeiten aus-zuleben,
entwickeln nur wenige.
Schicksalhaft ist das nicht.

Wer sein Leid gestaltet, fragt danach,
woher es kommt und wozu es da ist.
Vor allem aber fragt er danach,
wie er trotz seiner Not
innerlich *lebendig* bleiben und sein Leben bejahen kann.

Dieses Ja hängt nicht nur davon ab, *was* einem Menschen an Leid widerfährt. Es hängt auch davon ab, ob er sich weiterhin fürs Leben *entscheidet*, fürs *Leben* entscheidet.

Einsamkeit

Einsamkeit fordert die Antwort auf die Frage heraus, worauf es im Leben wirklich und letztlich ankommt. Wenn keiner mehr in der Nähe ist und die Einsamkeit unserer Seele den Atem nimmt, dann stellt sich die Frage, was denn noch hält, wenn kein Mensch uns mehr hält, worauf man sich noch verlassen kann, wenn man vom Leben verlassen zu sein scheint. Fragen, die am tiefsten bohren, bringen manchmal die tiefsten Antworten.

Vom Wollen zum Tun

Auf dem Weg, den der Wille zur Tat geht, lagern manche Gestalten. Die einen sind dem Willen gut und sind ihm dabei behilflich, den weiteren Weg zu finden. Die anderen unternehmen alles, um ihn in seinem Vorhaben zu behindern. Zu den Freunden des Willens gehören die Einsicht, die Sehnsucht, der Wunsch, die Phantasie, die Neugier, die Vorfreude, die Hoffnung, der Mut, die Disziplin und andere mehr. Zu den Feinden des Willens gehören die Skepsis, die Resignation, das Mißtrauen, die Unlust, die Trägheit, die Feigheit und andere mehr.
Die Feinde sind oft gar nicht leicht zu erkennen, sie haben oft auch die besseren Argumente (das beste ist der Hinweis auf die „Erfahrung"). Deshalb hört der Wille, der selber oft nicht weiß, wohin er will, leider oft auf sie – und führt den Menschen in die Irre.

Der Wille käme zum Ziel, wenn er ein wenig klüger wäre und sich auf seinem Weg ausschließlich seinen Freunden zuwendete – einseitig, eindeutig, einfach. Denn wer sich den Sirenen zuwendet, die ihre verführerischen Lieder der Tragik singen, wird schon bald sein Ziel vergessen. Deshalb muß man seine Freunde kennen, bevor man auf die Reise geht.

Recht auf Klage und Empörung

Du hast ein Recht auf Trauer, auf Klage, auch auf Empörung, wenn dich ein Schicksal, das du nicht wolltest, getroffen hat. Wenn du nicht trauertest, nicht klagtest, dich nicht empörtest – du hättest dein Leben nie geliebt.

Alleinverantwortlichkeit der Eltern?

Mich ärgert die Legende von der Alleinverantwortlichkeit der Eltern für das Glück oder Unglück der Kinder.
Ja, Eltern haben viel damit zu tun, wie ihre Kinder ins Leben hineinwachsen. Darüber streitet kein ernsthafter Mensch. Ich frage mich jedoch, ob denn die Kinder ihren Eltern *alles* verdanken möchten?
Möchten denn die großgewordenen Kinder z. B. das, was sie an Selbstvertrauen gewonnen haben, als Ergebnis ihrer Erziehung sehen? Möchten sie das, was sie insgesamt aus ihrem Leben gemacht haben, als eine Frucht des Handelns ihrer *Eltern* gewertet wissen?
Nicht nur das Leichte oder Schwere, das Kinder in frühen Jahren erlebt haben, bestimmt die Qualität ihres gegenwärtigen Lebens, sondern auch und vor allem die Art und Weise, wie sie es selbst angenommen und gestaltet haben. Eltern sind nicht alleinverantwortlich für das Geschick ihrer großen Kinder. Wer das glaubt, denkt gering von den Menschen-Kindern. Deshalb kommt es darauf an, daß sie zu gegebener Zeit die in der Kindheit natürlicherweise sehr hoch geratenen Vorstellungen von der Allmacht und Allwissenheit der Eltern auf die menschliche Ebene herunterholen und Vater und Mutter wieder Menschen sein lassen.

Von der Hoffnung

Die Vergangenheit prägt den Menschen, die Hoffnung zieht ihn in neue Lebenserfahrungen.
Hoffnung ist der stärkste Beweg-Grund zum Leben.
Wer hofft, hat ein Gefühl für Sinn. Wer ein Gefühl für Sinn hat, will Sinn leben. Wer Sinn leben will, hat Hoffnung, ihn erleben zu können.

Worauf kannst du hoffen? Darauf,
daß keine Zeit der anderen gleicht,
daß die alten Verletzungen das neue Leben nicht dominieren müssen,
daß Menschen sich in ihren Gedanken, Empfindungen, Gefühlen und Handlungen verändern können,
daß gutes Leben manchmal auch von außen kommt,
daß Hoffnung sich manchmal von selber zeigt.

Wie kannst du Hoffnung entwickeln? Dadurch,
daß du dir deine vergangenen gelebten Hoffnungen vergegenwärtigst,
daß du dich empörst gegen das, was dir heute dein Leben leblos macht,
daß du die Hoffnung in dir tiefer als bisher suchst,
daß du auf anderes hoffnungsvolles Leben siehst,
daß du dich fragst, ob du so hoffnungslos bleiben willst.

Fest an etwas glauben

Manchmal gilt es, an etwas fest zu glauben, auch wenn der Augenschein dagegen spricht: daran, daß das wichtige Gespräch am Morgen gut verlaufen, der Tag trotz der schlaflosen Nacht gelingen wird, daß der Abend mit schwierigen Gästen sehr heiter werden kann. Und was für kleine Dinge gilt, gilt auch für große.
Glaube – in diesem Zusammenhang – ist die Fähigkeit eines Menschen, die Kugel der Hoffnung über den Fluß des Lebens zu werfen, so daß sich eine Brücke bildet zwischen hier und dort, unsichtbar zwar und schmal, doch sicher genug, um sie passieren zu können.
Wovon dieser Glaube lebt? Vom Wunsch nach gelingendem Leben und dem Widerstand gegen sich verknotendes Leben, von der Erfahrung, daß der Glaube Berge versetzen kann – für den, der Hoffnung nicht nur mal probiert. Wer fest glaubt, vor dem flieht die Angst. Wer die Angst verliert, gewinnt Zugang zu den Kräften der Tiefe. Wer tiefe Kräfte in sich spürt, vertraut auch tief den Kräften, die im Leben liegen, vertraut sich ihnen an, wird eins mit ihnen, verbindet sich mit ihnen.

Nichts ist vollkommen

Nichts ist vollkommen. In allem, was Menschen denken und tun, bleibt ein unerledigter Rest. Das gilt für die Liebe und die Weisheit, die Freiheit und die Verantwortlichkeit, das gilt für alles, was menschlich ist. Nur ein Tor oder ein kranker Mensch würde deshalb in Melancholie verfallen. Denn die Unvollkommenheit macht unser menschliches Leben aus. Sie ist der Normalzustand unserer ganzen Welt.
Deshalb ist nicht die Klage über diesen Zustand, sondern seine Bejahung das, was du von dir sinnvollerweise erwarten kannst. Und wenn du tiefer hinsiehst ins Leben und auch noch daran teilnimmst, dann wirst du genau sehen, fühlen und erkennen, daß dieser unvollkommene Normalzustand trotz allem faszinierend ist.

Achtsamkeit

Manches nennen wir Wut. Und doch liegen neben der Wut noch die Ohnmacht und die Trauer.
Manches nennen wir Freude. Und doch liegen darunter die Sorge und der Zweifel.
Manches nennen wir Angst. Und doch liegen darüber noch der kleine Mut und die große Sehnsucht.
Wir erleben mehr, als wir fühlen, und wir fühlen mehr, als wir wahrnehmen. Doch nehmen wir weniger wahr, als wir wahrnehmen könnten.
Alles aber, was wir wahrnehmen, und sei es noch so schmerzhaft, ergänzt uns und befreit uns zum volleren Leben.

Weisheiten sind bekannt

Fast alle Weisheiten sind fast allen Menschen bekannt. Unser Problem liegt also nicht daran, daß wir nicht wüßten, wie wir leben sollten.
Zu wenig bekannt dagegen ist, warum wir uns so wenig nach dem, was wir wissen, ausrichten.
Kann es sein, daß wir die Mächte in uns unterschätzen, die gegen uns gerichtet sind?

Warme Traurigkeit

Manchmal sind wir eingetaucht in eine Traurigkeit, von der wir nicht wissen, woher sie kommt. Vielleicht kommt sie als Rinnsal vom warmen Wasser des Lebens und schmilzt ein Stück des Eises weg, das noch immer vor der Tür zum Raum der Freude liegt.

Alte Wunden

Du fragst, ob alte Wunden heilen können.
Ganz gewiß, viele jedenfalls.
Ob alte Wunden heilen, hängt allerdings von vielerlei ab. Der Flugsand der Zeit überzieht manches, was wehtat, und trocknet alte Wunden aus.
Die innere Auseinandersetzung mit dem alten Leben kann besonders hilfreich sein, die früheren Schmerzen zu überwinden.
Ein Mensch, der uns liebt, läßt vieles „vergessen", was damals für uns zu schwer war.
Und: Je lebensvoller die Gegenwart ist, desto mehr wird das Alte vom heute gelingenden Leben überspült.
Allerdings: Wenn Wunden heilen, können Narben bleiben. Und viele Narben bleiben. Doch sie gehören zum Menschen wie die Wunden des Körpers, die zu Narben wurden. Das ist menschlich. Und Menschliches ist schön, für den jedenfalls, der sich nicht aus dem Lande der Menschen hinaussehnt.
Manche Wunden heilen nicht. Sie tun auch immer wieder einmal weh. Für manche Menschen sind sie der Anlaß zum Resignieren, für andere dagegen eine Herausforderung, sich besonders tief in die Gegenwart einzuleben. Resignation jedoch ist nur selten schicksalhaft notwendig.

Ein sogenannter Krüppel

Ich sehe ihn noch deutlich vor mir: das verkrüppelte Bündel Mensch von etwa vierzig Jahren. Er saß nicht, er hing im Rollstuhl. Wir sprachen über vieles. Die Themen habe ich längst vergessen, ihn vergesse ich nicht.
Er ließ mir keinen Raum zum Mitleid. Denn so, wie er war, blieb mir nichts anderes übrig, als ihm zu folgen in seinen Gedanken, Ideen und Erfahrungen, über die er sprach.
Er war ein Mensch des Geistes. Er hielt sich nicht mit Klagen auf, was ihm das Leben alles vorenthielte. Er hielt sich auf bei dem, was ihm das Leben hier und jetzt anbot, hinhielt, schenkte.
Er war ein Kenner der Gunst des Lebens.

Es ist noch Zeit vorhanden

Vor fünf Tagen noch winkten die beiden mir zu. Sie wirkten so glücklich.
Er hatte viel gearbeitet, sein Vermögen war ständig gewachsen. Die Arbeit hatte allerdings sein Leben bestimmt. Urlaub hatte er sich kaum gegönnt. Nun sollte alles anders werden. Er wollte sich Zeit nehmen für sich und seine Frau. Die Pläne für die Zukunft waren so gut.
Er ist tot. Heute ist er verunglückt.

Dummheit

Wer sagt eigentlich, daß der, der eine unerfüllte Sehnsucht hat, vom Leben verlassen ist?
Wer sagt eigentlich, daß der, der krank ist oder leidet, vom Leben nicht geliebt wird?
Wer sagt eigentlich, daß der, der Sinn bislang nur suchte, sinnlos lebt?
Wer sagt eigentlich, daß der, der nicht erreicht hat, was er wollte, das Ziel seines Lebens nicht erreichen wird?

Seelenpause

Der Tag ist grau, die Stimmung auch. Du lebst so durch die Stunden. Nichts ist bedrohlich, nichts ist erfreulich. Der Himmel ist verhangen und deine Seele ebenso.
Diese Stimmung ist dir bestimmt nicht neu, sie ist dir nur immer wieder lästig. Du willst sie nicht, vielleicht jedoch will deine Seele sie – um einmal loszulassen, auszuruhen und sich zu erholen.
Menschliches Leben ist, wie alles andere Leben auch, ausgespannt zwischen zwei Polen, zwischen oben und unten, hell und dunkel, Liebe und Haß, Anspannung und Entspannung. Je stärker der eine Pol beansprucht wird, in unserem Fall die Aktivität, desto mehr macht der gegenteilige Pol, die Passivität, nun seinerseits Ansprüche geltend.
Wenn deine Seele zuviel gearbeitet hat – du kennst ja deine Themen – dann kann es sein, daß sie sich eine Weile verhüllt und niederlegt und nichts mehr tut. Dann sieht es so aus, als habe sie ihren Mut verloren, während sie sich in Wirklichkeit auf neue Taten vorbereitet.
Man sollte die müde Seele manchmal einfach sein lassen.

Älterwerden

Vom ersten Tag an werden wir älter. Für Kinder und junge Menschen scheint das ein Gewinn zu sein, doch in späteren Jahren sind die neuen Alterszahlen für viele alles andere als Gewinn.
Unser Leben gleicht den Jahreszeiten: die Jugend dem Frühling, die Mitte dem Sommer, die späteren Jahre dem Herbst, das Alter dem Winter. Die Übergänge von einer Zeit zur anderen sind manchmal wie schmale, schwankende Brücken, vor allem jene, die in den Herbst und in den Winter führen.
Offen für die neue Zeit ist nur der, der Abschied nimmt von dem, was war, der das Alte los-läßt und sich auf das Neue ein-läßt. Und er darf wissen: Keine Zeit ist besser als die andere, weil nie die Zeit, sondern immer die *Einstellung* zu ihr entscheidet, ob das Leben gelingt oder nicht. Alter ist nicht nur Abbau und Verfall, sondern auch Erweiterung. Das erste betrifft den Körper und entwickelt sich zwangsläufig, das zweite gilt für den Geist und kommt nicht von selbst. Verändern werden sich im Alter die Wege zur Erfahrung von Sinn und Lust und Leid, nicht aber müssen sich die Dichte des Gefühls und die tiefe Lust am Leben selbst verändern. Weil Leben eine Reise ist und die Reise auf ein Ziel hinführt, kann das Ende einer Lebensreise faszinierend sein. Denn beides kann klarer werden als je zuvor: der lange Weg zum Ziel und – das Ziel selbst.

Der Geist altert nicht

Da der Geist nicht an den Körper gebunden ist, altert er nicht und findet in jeder neuen Lebensphase neue Ausdrucksformen.
Die relative Unkenntnis dieser Tatsache ist bedauerlich und führt dazu, daß manche spezifischen Verhaltensweisen des alternden oder alten Menschen einseitig negativ mißdeutet werden.
So verringern sich zweifellos die Leistungen seiner Sinneswahrnehmungen. Der eine z. B. sieht, der andere hört nicht mehr so gut. Das hat zur Folge, daß die „Bilder", die der alte Mensch von der Welt gewinnt, blasser und unvollständiger werden, zugleich aber erscheinen ihm dieselben „Bilder" durchsichtiger, er sieht sie konzentrierter.
So entdeckt man etwa bei Alterswerken bedeutender Maler zwar weniger Formbestandteile, dafür jedoch kommt das Wesentliche und Wichtige eindeutiger und klarer zum Ausdruck. Details und Kleinigkeiten treten im Blickfeld zurück, die großen Linien treten hervor.
Der Geist braucht zwar den Körper als Vehikel, doch wenn dieser hier und da seinen Dienst aufzukündigen beginnt, so heißt das noch lange nicht, daß der Geist mit seinem Latein am Ende ist.

Seinsvergessenheit

Wir leben in einer Zeit der „Seinsvergessenheit" (Spranger). Nicht das, was wir sind, empfinden und fühlen ist für die Menschen unserer Zeit das Wichtigste im Leben, nicht das Wundern und Staunen füllt uns aus, nicht das Ästhetische, Künstlerische, Religiöse zieht uns an, nicht die Seele und auch nicht das Herz sind unsere wichtigsten Themen. Erfolg und Geld und Sicherheit und Leistung sind die Themen, die wir nicht vergessen, sondern ständig gegenwärtig haben.

Ich hasse diese Themen. Ich mag sie nicht mehr hören. Denn täglich höre ich Seelen rufen, daß sie daran sterben.

Seinsfaulheit

Seinsfaulheit ist die Möglichkeit eines Menschen, über Jahre hin von warmen Zielen zu träumen und den Zug des Lebens immer wieder – schicksalhaft nicht notwendig – abfahren zu lassen.
Seinsfaulheit ist die Möglichkeit eines Menschen, am tiefblauen Meer des Lebens zu stehen – und die Zeitung zu lesen.
Seinsfaulheit ist auch die Möglichkeit des Menschen, sich gegen mißlingendes Leben nicht zu empören und nicht aufzubäumen.
Seinsfaulheit ist, wenn es wirklich Hauptsünden geben sollte, die schlimmste von ihnen.

Nebel vor unseren Augen

Nebel liegt über dem Land. Ich sehe auf eine Baumgruppe. Sie ist klar erkennbar. Nur umrißhaft sehe ich den hinter den Bäumen liegenden Wald.
Auch die Dinge des Lebens sehen wir, je nach Situation, klar, umrißhaft – oder gar nicht. Vieles liegt vor uns, nur manches erkennen wir.
Die meisten „Bäume" im Land des Lebens sind unserem Blick entzogen. Und doch sind sie da und nehmen Einfluß auf uns. Denn ihr Dasein hängt nicht davon ab, ob wir sie erkennen.

Licht über der Dunkelheit

Manchmal führt dein Weg durch eine Dunkelheit, die dir neu ist. Du siehst dein Ziel nicht mehr. „Es" geht zwar weiter, aber du weißt nicht, wohin. Du kennst dich in deinem Leben nicht mehr aus. Was dich umgibt, ist dir unheimlich. Du kannst dich nicht mehr auf dich verlassen. Du wünschst dir Klarheit, siehst aber nur Dunkles.
Das ist so, weil dein Blick einseitig auf das gerichtet ist, was dir neu und unheimlich erscheint.
Ein Wanderer steht am Meer, sieht in den dunklen Horizont hinein – und sieht nur ihn. Richtete er den Blick weiter nach oben, dann sähe er die Abendsonne, die das Meer noch erhellt.
Ein Mensch steht in einem Dom, dessen weites Schiff im Dunklen liegt. Lenkte er den Blick nach oben, sähe er hinein in ein rundes, lichtdurchflutetes Bild aus Glas hoch über dem Altar – und fühlte Heimat, Wärme und Klarheit.
Licht steht immer über dem Leben. Ziele gibt es immer am Horizont der Wege.
Du kannst deine Augen verschließen, aus Angst, aus Trotz, auch aus Resignation. Du kannst sie auch aufmachen und sehen und staunen und dann deinen Weg gern weitergehen.
Es liegt an dir, ob du und was du sehen willst.

Advent

Worauf wartest du?
Auf einen Partner?
Auf den längst fälligen Erfolg?
Auf die Idee?
Darauf, daß dein ganzes Leben sich wendet?

Wer auf gute Veränderungen wartet, gibt dem Leben immer noch oder immer wieder eine Chance, daß es sich von seiner besten Seite zeigen kann.
Wer auf gute Veränderungen wartet, ist offen dafür, daß sie sich auch zeigen können.
Solange ein Mensch auf gute Veränderungen wartet, gibt er der Ahnung Raum, daß im Leben das Leben fließt.

Worauf wohl wartet die Menschheit?

Gedanken an den Tod

Es ist nicht gut, nie an den Tod zu denken, denn er ist nun einmal, ob wir es wahrhaben wollen oder nicht – das große Tor am Ende unseres Weges, für dich und auch für mich. Wer nie an den Tod denkt, läßt seine verborgene Angst vor ihm nicht zu. Er verdrängt sie. Doch jede Verdrängung kostet Kraft, viel Kraft.
Wer den Gedanken an den Tod verdrängt, läßt zu, daß dieser Gedanke schon heute sein Leben so beeinflußt, wie er es gerade nicht will. Er gerät in Spannungen, wenn er das, was ihn bedroht, nicht ansieht. Er wird gelassener, wenn er vor ihm nicht ausweicht.

Wir haben Angst vor dem, was wir nicht kennen. Wir werden freier, wenn wir es uns vertraut machen.

Wer *hin und wieder* an den Tod denkt, beachtet und achtet mehr die Tage, die ihm das Leben schenkt. Denn er weiß, daß seine Zeit begrenzt ist. Und wer mit ihr achtsam umgeht und *in* ihr lebt, wird ganz bestimmt nicht *zu oft* an den Tod denken, weil ihn das *Leben* ausfüllt.

Depression und Leiden

Nicht selten sind Gemütszustände, die man heute Depression nennt, alles andere als neurotischer, also krankhafter Art, sondern Ausdruck echten menschlichen Leidens. Man beklagt den Verlust eines Menschen, erfährt die Sinnlosigkeit des selbst gewählten Berufes, erlebt Leere im gegenwärtigen Dasein, verliert die Hoffnung angesichts ständig neuer Katastrophenmeldungen.

Echtes menschliches Leiden, das sich als Trauer und Niedergeschlagenheit zeigt, ist Ausdruck der Lebendigkeit einer Seele, die noch eine sensible und vitale Beziehung zu dem Gefühl hat, wie gelingendes Leben sein könnte.

Leben bejahen

Leben bejahen, das hieße, Leben annehmen,
Leben annehmen, wie es ist:
die Nacht und den Tag,
den Streß und die Ruhe,
den Schmerz und die Leichtigkeit,
das Gelähmtsein und die Freiheit,
das Weinen und das Lachen,
das Sehnen und das Hoffen,
die Leere und die Fülle,
das Unglück und das Glück,
das Leben und den Tod.

Dezember

Alte Vorstellungen

Vielleicht hast du Vorstellungen vom Leben, denen du noch immer nachhängst. Vielleicht denkst du auch heute noch, daß, wenn sie Wirklichkeit geworden wären, „alles“ ganz anders geworden wäre.
Vielleicht denkst du an einen Mann, an eine Frau, an einen Beruf oder an etwas ganz anderes.
Ich kenne diese alten Bilder. Jeder kennt sie vermutlich. Und vielen tun sie noch immer weh.
Ahnst du, welche Kräfte dir entzogen werden, weil du dich noch immer diesen alten Wünschen zuwendest?
Ahnst du auch jenen Teil von Illusionen, die sich im Laufe der Zeit mit deinen Vorstellungen verbunden haben?
Jedes ungelebte Stück Leben ist unserer Kritik entzogen. Zu seiner erdachten Attraktivität haben wir eine Beziehung, zu ihm selbst nicht, weil dieses Stück Leben niemals die berühmte Probe aufs Exempel zu bestehen brauchte.

Die Gerechtigkeit und die Weisheit

Einmal versammelten sich alle Bewohner der inneren Welt im Hause der Weisheit. Sie hatte ihr Festgewand angelegt und begrüßte jeden einzelnen Gast in ihrer Art, zurückhaltend, aber freundlich. Man plauderte und scherzte, bis die Gerechtigkeit sich räusperte und das Wort ergriff.
„Verehrte Weisheit, da wir die Gelegenheit haben, mit dir sprechen zu dürfen, möchte ich dir eine Frage stellen, die mich schon lange bewegt." Die Weisheit warf der Gerechtigkeit eine ermutigende Geste zu und sagte: „Welche Frage? Wir werden sehen, ob du sie dir nicht selbst zu beantworten weißt." Die Angesprochene räusperte sich noch einmal, dann formulierte sie ihr Anliegen so: „Wenn alle Bewohner der inneren Welt sich mehr als bisher darum bemühten" – und dabei sah sie mit strengem Blick die Freiheit an, die Lust und auch die Melancholie –, „dem Menschen zu dienen, dem wir innewohnen, dann wäre es um ihn weit besser bestellt. Trifft diese Annahme zu?" Es schien, als hätte die Weisheit gar nicht recht zugehört, doch dann erwiderte sie: „Auch ich will dich etwas fragen: Du weißt, daß jeder von euch in diesem Lande Geschwister hat. Dich sah ich schon lange nicht mehr im Hause der Güte, deiner Schwester. Trifft diese Annahme zu?" Die Gerechtigkeit fand auf diese Frage kein Wort. Und als man sich verabschiedete, erschien ihr Gesicht noch härter als zuvor.

Von der Mehrstimmigkeit des Lebens

Wir könnten unser Dasein interessanter, farbiger, kraftvoller, auch wahrhaftiger leben, wenn wir einiges von der Mehrstimmigkeit des Lebens verstünden. Mehrstimmig geht es in unserer Seele fast immer zu, einstimmig nur selten.
Unter der Trauer wartet oft die Freude, neben der Angst der Mut, über der Wut zeigt sich nicht selten Verständnis. Vor dem Haus der Ausweglosigkeit wird der Ausweg bereits gepflastert, in die Mauer ein Tor gebaut.

Was fühle ich? Nur die Wut?
Was fühle ich? Nur die Angst?
Was fühle ich? Nur die Trauer?

Je differenzierter ich Polyphonie, die Mehrstimmigkeit der inneren Stimmen, wahrnehme, desto weniger drückt mich und desto freier erfahre ich mein inneres Leben.

Schmerz

Manchmal tut Leben weh, schrecklich weh. Alles schmerzt. Jeder Körperteil, jeder Seelenfleck schmerzt. Du weinst, du schreist, du tobst, du bleibst im Schmerz, und der Schmerz bleibt in dir. Du fürchtest um deinen Verstand.
Es ist dein Widerstand gegen den Schmerz, der ihn zu deinem Feind macht. Es ist dein Widerstand gegen die dunkle Seite des Lebens, der dich in deine Verzweiflung treibt. Der Schmerz wird nur zu deinem Feind, wenn du ihn nicht sein läßt, was er ist: ein Rufer aus der Tiefe, der dich dorthin führen will, wohin du zwar nicht willst, wo du jedoch – mehr als bisher – Leben erfährst, tiefes Leben erfährst, Leben aus der Tiefe erfährst.

Zehn Leitsätze zum Gewinn von Selbstvertrauen

1. Wer lernen möchte, sich selbst vertrauen zu können, muß mit sich selbst vertraut werden: körperlich, seelisch, geistig.
2. Kein Mensch gewinnt jetzt und hier Vertrauen zu sich selbst, wenn er nicht die „dunklen Punkte" seiner Vergangenheit geklärt und sich von ihnen verabschiedet hat.
3. Je mehr ein Mensch *in* der Zeit lebt, desto mehr ist er bei sich, steht er zu sich, vertraut er sich.
4. Wer das, worin er begabt ist, aus-lebt, fühlt seine eigenen Werte.
5. Wer sagt, was er denkt, und tut, was er sagt, kann sich selbst vertrauen.
6. Wer den von ihm selbst anerkannten Werten im Leben treu bleibt, hat Grund, sich selbst zu vertrauen.
7. Wer Aufgaben erfüllt, die er sich selbst zugetraut hat, vertraut sich selbst.
8. Wer Aufgaben erfüllt, die andere ihm anvertraut haben, kann sich selbst vertrauen.
9. Wer Vertrauen ins Leben gewinnt, gewinnt Vertrauen zu sich selbst, denn er ist ein Teil des Lebens.
10. Wer seine Grenzen kennt, körperlich, seelisch, geistig, ist mit sich selbst vertraut und kann sich selbst vertrauen.

Zweierlei Regie

Wie oft hast du das schon erlebt?

Es geht dir schlecht, Du siehst kein Land mehr. Nichts geht mehr. Du denkst, du seist am Ende. Dann kommt die Wende. Du weißt nicht, wie sie kam. Es geht dir einfach besser. Es geht dir sogar gut. Wieviel gelassener könnten wir sein, wenn wir nicht nur unserer eigenen Regie, wenn wir dann und wann auch der Regie des größeren Lebens trauten!

Verschiedene Sichtweisen

Kaum etwas ist nur gut.
Kaum etwas ist nur schlecht.
Du kannst an dem „Guten“
vor allem das „Schlechte“ bemängeln.
Du kannst auch an dem „Schlechten“
das Gute zu sehen versuchen.

Von deiner Sicht der Dinge
hängt wesentlich ab,
wie das, was dir begegnet,
auf dich wirkt.

Von der Bereitschaft, das Leben zu ändern

Die Sehnsucht nach Glück kennen viele, doch nur wenige sind bereit, ihr Sehnen ernstzunehmen.
Den Traum vom glücklichen Leben träumen viele, doch nur wenige wagen es, ihn weiterzuträumen und zu leben. Den Wunsch, das eigene Leben zu verändern, haben viele, doch nur wenige sind bereit, sich selbst dafür einzusetzen. Unwillig über ihr Leben sind viele, doch nur wenige gestehen sich ein, wie arm sie in Wirklichkeit sind.
Die Erkenntnis, daß das Leben anders verlaufen könnte, haben viele, doch nur wenige wollen das andere Leben auch wirklich.
Den Versuch, über Erkenntnis zu einem anderen Leben zu kommen, machen viele, doch nur wenige verändern sich durch die not-wendende Tat.
Den Mut, andere für das eigene mißlungene Leben verantwortlich zu machen, haben viele, doch nur wenige sind bereit, sich an die eigene Brust zu klopfen.

Abstand von sich selbst gewinnen

„Ich lasse mir von mir selbst nicht alles gefallen." Dieser Satz Viktor E. Frankls ist zu einem meiner Lieblingssätze geworden.

Ich ärgere mich über jemanden. Der Ärger breitet sich aus. Er überwindet auch die Barrieren meiner Vernunft. Was wichtig ist, wird unwichtig. Mit Ingrimm treibt er sein böses Spiel mit mir.
Muß ich den Ärger dulden?
Ich habe Angst vor jemandem. Gleich werden wir miteinander sprechen. Der andere hat mich in der Hand – denke ich. Das Gespräch kann nur ein Desaster werden – denke ich. Selbstmitleid kommt auf.
Das *muß* ich zulassen?
Ich bin mißgelaunt. Schon heute morgen war ich mißgelaunt. Ich kann mich selbst nicht ausstehen.
Ich bin mir hilflos ausgeliefert?

Die berühmten zwei Seelen, die (sich) in meiner Brust schlagen, sind nicht immer gleich stark. Es ist nicht so, daß die mißgelaunte, geängstigte und verärgerte sich permanent ausbreiten müßte, jedenfalls dann nicht, wenn ich der anderen, der es gutgehen möchte, den „Rücken" stärke – vielleicht durch den kraftvoll-trotzigen Satz: „Ich lasse mir von mir selbst nicht alles gefallen."

Wieviel leichter

Wären wir nicht so eitel …
… wieviel mehr würden wir unser Gesicht schonen!
… wieviel klarer wäre unsere Sprache!
… wieviel weniger ließen wir uns auf Dinge ein, die wir gar nicht wollen!
… wieviel mehr täten wir das, was uns bekömmlich ist!
… wieviel gelassener gingen wir in unsere Tage!
… wieviel leichter wäre der Umgang der anderen mit uns und unser Umgang mit ihnen!

Wieviel leichter …

Sich selbst zu sehen beginnen

Von der Erde aus sehen wir nur die vordere Seite des Mondes, und diese auch nur unter bestimmten Bedingungen. Die anderen Seiten können wir nur erahnen. Mit der Sicht unseres eigenen Selbst ergeht es uns nicht anders.
Selbstverwirklichung, herausfinden, wer man selbst ist, zu sich selbst kommen, bei sich selbst sein – diese und andere Begriffe geistern ständig durch unsere Sprache. Jeder noch so geistvolle Versuch aber, zu beschreiben, was denn das Selbst konkret ist und bedeutet, bleibt ein-seitig.
Doch kannst du erahnen, was sich hinter dem Wort verbirgt. Wenn es ganz still geworden ist und deine Gedanken sich zurückgezogen haben, wenn du anfängst, in die Stille zu hören, in deine eigenen inneren Räume, dann erfährst du, daß das „Selbst" mehr ist als ein Wort: Du ahnst, daß alles in dir zusammenhängt. Du ahnst, daß auch die scheinbar getrennten Teile in dir von einem Mittelpunkt gehalten und geordnet werden.
Du ahnst noch mehr: daß du als ganzer Mensch Teil eines Ganzen, eines größeren Ganzen bist.
Und wenn du das alles ahnst, dann wird dir warm und weit ums Herz – dann erfährst du dich selbst im Selbst.

Die Hauptsache im Leben

Was ist die Hauptsache in deinem Leben? Wegen welcher „Sache“ willst du und möchtest du hauptsächlich dasein? Die Hauptsache im Leben eines Menschen ist das, was ihn am meisten angeht und bewegt, worum er sich am meisten bemüht, worum am meisten seine Gedanken, Empfindungen, Gefühle und Handlungen kreisen.
Die Hauptsache ist das, wonach ein Mensch am meisten strebt, wofür er alles andere vernachlässigt, wofür er die größten Opfer bringt, woran er sein Herz am meisten hängt, was er am meisten liebt.
Laß dir Zeit, wenn du nach einer Antwort suchst.
Ist das, was du deine Hauptsache nennst, das, was du in der Tat hauptsächlich *lebst*?
Es kann ja sein, daß du hauptsächlich das lebst, was für dich gar nicht die Hauptsache sein soll. Wenn das so ist und du das ändern möchtest, dann beklag nicht zuerst die Umstände, die dich scheinbar zwingen, so zu leben, wie du lebst. Laß zunächst nur auf dich wirken, was dir gerade aufgegangen ist: *daß* du das nicht lebst, was du hauptsächlich leben willst, und daß du das lebst, was du hauptsächlich *nicht* willst.

Ein-Bildung

„Der Frost dringt in mich ein. Ich erfriere." Diesen Satz lasen Männer auf der Stahlwand eines Kühlwagens, in dem ein Bahnangestellter versehentlich eingeschlossen worden war. Als sie ihn zwölf Stunden später fanden, war er bereits tot.
Das Erschütternde an dieser Geschichte wird allerdings erst deutlich, wenn man erfährt, daß das Kühlsystem des Wagens gar nicht eingeschaltet war. Der Mann hätte nicht sterben müssen. Die Autopsie jedoch wies die typischen Symptome des Erfrierungstodes auf.
Was wir uns ein-bilden, kann in uns einwirken. Was wir uns vorstellen, kann sich einstellen. Worauf wir uns einstellen, kann eintreffen. Das gilt für alles Leben, für das Unglück ebenso wie für das Glück. Denn jede Idee hat die Tendenz, sich zu verwirklichen.
Warum ist das so?
Es gibt dafür verschiedene Erklärungen. Eine besagt, daß alles Leben zusammenhängt und deshalb alles, was wir denken, fühlen und tun, Ein-Fluß auf das eigene und das andere Leben nimmt.

Ideen

Menschen sterben. Ideen sterben nicht. Ideen bestimmen unser Leben. Ideen sind Pfeile des Geistes. Und auch Geist stirbt nicht.
Wenn aber die Ideen, die aus dem Geist geboren werden, stärker sind als der Tod, weil auch der Geist stärker ist als der Tod, dann kommt es darauf an, daß wir danach fragen,

… ob wir uns unserer eigenen Ideen bewußt sind
… ob wir uns unserer guten Ideen bewußt sind
… welche Ideen unser Leben tatsächlich bestimmen
… ob wir die lebensfördernden Ideen ausreichend pflegen
… ob wir auch dazu bereit sind, die lebensfördernden Ideen in die Wirklichkeit hineinzuleben und sie zum Ziel kommen zu lassen.

Unterschiedlicher Umgang mit der Vergangenheit

Menschen gehen unterschiedlich mit ihrer Vergangenheit um. Zu den Faktoren, die dabei eine Rolle spielen, gehört zweifellos auch der *Typus* eines Menschen.
Der „Perfektionist" zum Beispiel, der dazu neigt, alles gründlich zu durchdenken und dessen Gedanken oft bei einzelnem hängenbleiben, wird anders in das alte Land schauen als etwa der „Glückssucher", der gern seine inneren Schmerzen verlagert und darauf aus ist, rasch neue Glücksgebiete zu erobern.
So mancher „Erfolgsmensch", der die Karriere als höchsten aller Werte betrachtet und dazu neigt, zu beschönigen, was so schön nicht war, wird ein anderes Interesse an den vergangenen Tagen haben als jener Mensch, den alles „Ursprüngliche" brennend interessiert.
Wozu neigst du, wenn du versuchst, dich mit der Vergangenheit auseinanderzusetzen und dich von den alten Fesseln zu befreien?

Liebe

Unter allen Fährten dieses Lebens, die zum Menschsein führen, gibt es keine, die unmittelbarer in seine Mitte führte als die Liebe.

Die Erkenntnis kann erregen, die Freiheit kann beglücken, die Verantwortlichkeit kann befriedigen – die Liebe aber füllt den Menschen aus.

Ein anderes Gesicht „aufsetzen“

Ich sehe sein Gesicht noch heute vor mir. Er schaute mich von der Seite an, als wollte er mich vor Wut verschlingen. Er hatte sich darüber beklagt, daß andere sich ihm gegenüber wenig freundlich, geschweige denn charmant verhielten. Während er nach immer neuen Worten suchte, mit denen er sein desolates Dasein unter Menschen beschrieb, fiel mein Blick auf seine tief nach unten gezogenen Mundwinkel, und mir kam die Idee, die ihn so wütend gemacht hatte: Ich schlug ihm vor, bei der nächstbesten Gelegenheit in Hamburg über die Mönckebergstraße zu promenieren und sich einmal vorzunehmen, so oft wie möglich Menschen bewußt freundlich anzuschauen. Nur einmal sollte er sich auf dieses Unternehmen einlassen.

In der Woche darauf begegnete er mir erstaunlich verändert. Verschmitzt, mit einer Spur frechen Grinsens, doch sehr liebenswert sah er mich an. Ja, er sei zunächst über mein Ansinnen empört gewesen. Doch dann habe er, nur um mir die Unsinnigkeit meines Vorschlags zu zeigen, bewußt ein heiteres Gesicht „aufgesetzt“ – und nach gar nicht langer Zeit die höchst merkwürdige Erfahrung gemacht, daß „die Leute“ ihn anders als bisher angeschaut hätten: freundlich, lächelnd, menschlich. Und während er erzählte, konnte ich gut verstehen, warum man gerade ihn auf der belebten Straße nicht übersehen hatte.

Was ich vor allem fürchte

Was ich vor allem fürchte? Daß ich in den letzten Abendstunden meines Lebens einmal sagen müßte:

Ich habe mein Leben nicht wirklich gewollt.
Ich habe mein Leben nicht wirklich gesucht.
Ich habe mein Leben nicht wirklich geliebt.
Ich habe mein Leben nicht wirklich angenommen.
Ich habe zu viel ungelebtes Leben zurückgelassen.

Alter und Jugend

Mein Sohn spielte während einer Autofahrt seine Musik, laut und immer wieder. Ich mochte diese Ansammlung schriller Töne nicht und dachte an jene viel weicheren, melodiösen Lieder meiner Jugendzeit. Wieviel schöner war doch die Musik dieser Jahre! Sie berührte doch ganz anders das Gemüt als diese verzerrten Klänge, die ich hier über mich ergehen ließ.
Da kam mir eine Frage: „Sag mal, liebst du eigentlich diese Musik?“ Andreas’ Augen waren sehr warm, als er sagte: „Ja, diese Musik liebe ich sehr.“
Da habe ich etwas verstanden.

Licht in der Dunkelheit

Ich schaue aus dem Fenster. Rabenschwarz ist die Nacht. Doch aus der Schwärze der Nacht scheint mir ein kleines Licht entgegen. Unverwandt sehe ich in dieses Licht. Mein Blick wird von ihm angezogen, als wäre die Nacht nicht da.

Ob rabenschwarze Lebensnächte nur schwarz, ausschließlich schwarz sind?

Winter

Es ist Winter geworden. Es scheint so, als habe sich die Natur mehr noch als im Herbst aus dem Leben zurückgezogen. Es ist schwer vorstellbar, daß aus der scheinbar toten Erde jemals wieder neues Leben wachsen könnte. Und doch ist dieses Winterleben richtiges Leben, ganz anders als in anderen Jahreszeiten, doch Leben, zwar schlafend, aber nicht tot, zwar still, doch weiter in geheimer Bewegung in die neue Zeit hinein.
Mit Beginn der Winterzeit haben die Gezeiten nicht nur ihren dunkelsten Tag. Dieser Tag ist zugleich die Wende zum Licht. Die Tage werden heller, das Licht gewinnt an Kraft, das Leben macht sich wieder sichtbar.
Und die Winterzeit im Leben eines Menschen?
Für die einen ist sie Abstieg in den Tod, für die anderen Erfüllung und Wende zum Licht.
Wenn ich die großen Gezeiten sehe, dann frage ich mich: Ob Leben wirklich sterben kann?

Lebenschancen in jeder Zeit

Du hörst die alte Musik. Wie unbeschwert und voll Drang nach Leben hörtest du sie damals! Was alles hat sie in dir ausgelöst! Wozu hat sie dich inspiriert! Sie hob dich hinein in die bunt schillernde Welt deiner Phantasien und Wünsche. Sie weckte deine Lust zum Leben. Sie entzündete in dir das Feuer, das deine junge Seele brauchte, um alles hoffen und vieles wagen zu können. Du fühltest deine Leichtigkeit. Du findest sie noch immer schön, diese Musik, doch fühlst du, während du sie hörst, auch die Schwere, die sich seit damals immer wieder über dich ausbreitet wie ein graunasser Nebel über die liebliche Landschaft. Das Feuer ist zur Glut, die Lust zur stilleren Freude geworden, und die Phantasien und Wünsche haben sich mit der Vernunft verschwistert. Du hörst die Musik und tanzt nur noch manchmal dazu.

So ist Leben. Die Jugend vergeht, die Zeit der Mitte vergeht, das Alter vergeht. Leben vergeht. Doch keine Zeit, in der du lebst, ist schlechter als die andere, keine dem Leben näher als die andere. Keine Zeit, in der du lebst, läßt sich mit der anderen vergleichen, weil jede dir zugeordnet, dir geschenkt ist als Möglichkeit, der Tiefe des Lebens näherzukommen. Ob du jung bist oder alt oder „in der Blüte deiner Jahre" – du lebst in jeder Zeit in dem Maße, wie du ein Lieb-Haber des Lebens bist.

Wer weiß, wer weiß?

Einige Male im Jahr habe ich eine verrückte Vision: Ich sehe eine weite Landschaft vor mir, durch die zwei völlig verschiedene Gruppen dem Himmelstor entgegenziehen. In der einen sehe ich lauter ernsthafte Menschen, die Männer glatt rasiert, korrekt gekleidet, die Frauen adrett frisiert, dezent gewandet. Auf den Gesichtern aller liegt der Anflug eines Lächelns, ein Lächeln der Gewißheit, daß alles im Leben gut war, weil geordnet, korrekt, frisiert und dezent und daß der Einlaß in die neue Welt ein Akt der Selbstverständlichkeit sein werde. – In der anderen Gruppe sehe ich lauter verwegene Gestalten, unrasiert und mit Löchern in den Hosen die Männer, gewagt gekleidet und mit wehenden Haaren die Frauen. Auf den Gesichtern aller liegt ein Ausdruck der Gewißheit, daß der Weg zur neuen Welt an deren Toren enden werde. – Da erscheint der Herr des Himmels und der Erde, nachdem sich beide Gruppen vor dem goldenen Tore aufgestellt haben, und ruft aus der ersten Gruppe nur einige wenige Wanderer herbei. Und dann geschieht das, worüber nur die Engel nicht staunen: Aus der zweiten Gruppe ruft der himmlische Herr fast alle herbei und befiehlt sie lachend ins Land der ewigen Freuden. Nun wendet er sich den Abgewiesenen zu. Er blickt sie einmal zornig an. Doch dann ruft er ihnen zu: „Marsch, hinter den anderen her, und laßt euch heute nicht mehr bei mir blicken!“

Öffnung des Herzens

In einem deutschen Kriegsgefangenenlager möchte ein französischer Pfarrer für seine Kameraden am Heiligen Abend im Jahre 1940 ein Krippenspiel aufführen lassen. Es gibt nur keine Vorlage für ein Spiel. Da verweist jemand auf einen Mitinsassen, von dem gesagt werde, er sei Schriftsteller. Der Pfarrer bittet ihn, das Stück zu schreiben, und Jean Paul Sartre, der Atheist par excellence und dem Geistlichen völlig unbekannt, sagt lächelnd zu. Das Stück wird aufgeführt und mit tiefer innerer Bewegtheit von allen Beteiligten aufgenommen.
Besonders bewegend soll Balthasar, der dem jüdischen Glauben fernstehende Weise aus dem Morgenland, gespielt worden sein. Sartre selbst hatte diese Rolle übernommen.
Bewegend soll auch am nächsten Morgen das Gespräch zwischen dem Pfarrer und einem im Lager als Atheist bekannten Arzt gewesen sein. Es wird berichtet, er habe, insbesondere durch das ergreifende Spiel Sartres, seinen Glauben wiedergefunden.
Ich staune an jedem Heiligen Abend neu über die merkwürdigen Veränderungen vieler Menschen. Es gibt dafür einige plausibel erscheinende Erklärungen. Doch frage ich mich hin und wieder, ob sich an diesem Tage vielleicht der Himmel öffnet – und so manchen Menschen daran erinnert, was seine Seele immer wußte: daß in der Tiefe des Lebens viel Wärme fließt.

Es ist besser zu glauben

Es ist besser,
an etwas zu glauben und dann ernüchtert zu werden,
als gar nicht geglaubt zu haben.

Wer nicht den Glauben wagt,
gleicht dem,
der der großen Liebe begegnet,
doch aus Vor-Sicht nicht bei ihr bleibt,
der dem Glück anderer begegnet,
doch niemals nach dessen Grund fragt.

Auf diese Kostbarkeiten
willst du verzichten,
nur weil du befürchtest,
eines fernen Tages
von verlorenen Jahren reden zu müssen?

Neue Zeit

Der Tag hat begonnen. Du bist noch allein. Noch hat niemand dir ein Lächeln zugeworfen, noch hat niemand dir ein böses Wort gesagt. Und auch du selbst hast noch keinem zugelächelt und niemandem wehgetan. Die Stunden, die vor dir liegen, sind noch ganz frei von dem einen und dem anderen.
Was hast du heute vor mit deinen Stunden?
Womit willst du sie füllen?
Mehr mit Aggression?
Mehr mit Wohlwollen?

Stell dir vor, daß die ganze vor dir liegende Zeit noch unberührt ist wie der erste Schnee in der Frühe des Morgens. Stell dir vor, daß es wesentlich an dir liegt, welche Eindrücke du heute in deinem und in anderem Leben hinterlassen wirst.
Heute abend, wenn du auf den Tag zurücksehen wirst, werden die Stunden anders aussehen als jetzt, am Anfang deiner neuen Zeit.
Dein Tag hat gerade begonnen.

Ein guter Tag

Der Tag hat sich gelohnt. Ich habe Schönes erlebt!
Eine Großmutter saß mit fünf (fünf!) Enkelkindern aus verschiedenen Familien in einem Restaurant und führte in bezaubernder Weise Regie in der temperamentvollen Versammlung.
Uralte Spiele fielen ihr ein. Spiele waren erforderlich, weil der Koch noch vom Weihnachtsfest erschöpft zu sein schien. Die Kinder spielten lustvoll mit.
Bastelarbeit mit Servietten setzte die Spielfolge fort. Auch diese Maßnahme zur Beschäftigung der Kinder war erstaunlich wirksam.
Beeindruckender jedoch war die Sensibilität, mit der die alte Dame jedes Kind in unterschiedlicher Weise beachtete und zu Wort kommen ließ.
Ich sah keine Schweißperlen auf ihrer Stirn, nur ein Lächeln, und das war echt.

Wenn das Boot anlegen wird

Wenn einmal das Boot anlegen wird, um mich herüberzuholen ans andere Ufer des Flusses, dann werde ich wissen, daß die Zeit an meinem Ufer endgültig ausgelaufen ist. Dann wird mir noch einmal bewußt werden, daß mein Leben eine Wanderung war, mit einem Beginn und einem Ende. Dann werde ich vielleicht endlich begreifen, daß ich mir zu wenig Zeit nahm, meine Tage zu füllen mit Freiheit, mit Freude, mit Wärme, mit Sinn.
Wenn einmal das Boot anlegen wird, um mich herauszufahren aus der Zeit, dann werde ich – wehmütiger vielleicht als je zuvor – dieses jetzt so oft verachtete Leben lieben.

Sich selbst ändern?

Kann ein Mensch sich selbst ändern?
Nein. Wie sollte ein Wesen, das sich weder selbst entworfen noch geschaffen hat, das fertigbringen?
Sich selbst – ich meine damit die Grundstruktur eines Menschen – kann niemand ändern, wohl aber seine Einstellung und sein Verhalten zu sich und zum Leben.

Worauf kommt es an?
Die „Wölfe“ in den Kellern der eigenen Seele beim Namen zu nennen und zu wissen, wann und wo sie sich zeigen – und die „Engel“ in den Kellern der Seele zu kennen – und also der Liebe, der Freiheit, der Freude und all den anderen tatsächlich vorhandenen inneren Freunden die Türen zu öffnen und sie auszuleben.

Entbehrungen und Glück

Die Märchen wissen mehr als die gängige Schulweisheit von den Zwangsläufigkeiten des Unglücks und den Bedingungen des Glücks. Sie geben Auskunft über die wichtigen Spielregeln der tieferen Wirklichkeit.
Zu diesen Regeln gehört z. B. auch diese:
Kein Prinz erobert seine Prinzessin ohne Entbehrungen, Berührungen und Kampf. Hexen wollen ihn verführen, Verräter nehmen ihn gefangen, wilde Tiere trachten ihm nach dem Leben, die Berge verschließen ihm den Weg. Diese und viele andere Hindernisse hat der Glückssucher zu überwinden. Und er überwindet sie und gelangt zum Ziel, wenn er das *Eine*, wonach ihn verlangt, unbedingt und also mit ganzem Herzen will.

Die Hoffnung, die nicht in mir liegt

365 Tage Leben liegen hinter uns. Es tut gut, noch einmal auf die gelebte Zeit zurückzuschauen. Es tut gut, weil alles, was wir im Zusammenhang erkennen, die Seele weiter ausrundet. – Wie immer dein Jahr war: Es hat dir Leben gebracht. Und manches von dem, was ungeordnet zurückblieb, kannst du noch jetzt dir ansehen, klären, vielleicht auch ändern.

Es kann hilfreich sein, die wichtigsten Dinge dieser langen Wanderung noch einmal aufzuschreiben und sie zu betrachten. Sieh dir noch einmal an, was schwer war. War es nur sinnlos? Sieh dir noch einmal an, was gut war. Hast du es dir bewahrt? Sieh dir auch die Zeit an, in der „nicht viel passiert" ist. Waren diese Tage „verlorenes Leben"? Waren Tage darunter, an denen deine Seele dich warten ließ, weil du ihr davongelaufen warst?

Eines kannst du heute nicht: bewerten, welche Bedeutung dieses Jahr für den Zusammenhang deines ganzen Lebens haben wird. Das gelingt dir und mir, wenn überhaupt, erst dann, wenn wir die letzte Runde unserer Lebensbahn durchlaufen, so wie Szenen eines Filmes oft erst vom Ende her verständlich werden. Und wenn du dir heute nacht das Feuerwerk ansiehst und dich bei allem Trubel Angst beschleicht, dann wünsche ich dir einen Blick, der über die rot-blau-weißen Illusionen hinausgeht in den Welthintergrund hinein, von dem ich ahne, daß er lebendig ist und warm, geordnet und voll Sinn.

Stichwortverzeichnis

Weitere Literatur von Uwe Böschemeyer

Vom Typ zum Original. Die neun Gesichter der Seele und das eigene Gesicht. Ein Praxisbuch zum Enneagramm, Lahr 1994

Zu den Quellen des Lebens – (ein weiteres Jahrbuch), Lahr 1995

Neu beginnen!
Konkrete Hilfen in Wende- und Krisenzeiten
Lahr 1996

Und jetzt bin ich wieder allein. Hoffnungen und Chancen nach der Trennung, Stuttgart 1998

Dein Unbewußtes weiß mehr, als du denkst
Imagination als Weg zum Sinn
Hamburg 1999 (Libri, Books on Demand)

Wertorientierte Imagination, Theorie und Praxis, Grundlagen – Methodik – Anschauung
Hamburg 2000 (Libri, Books on Demand)

Im Frühjahr 2002 werden im Ellert & Richter Verlag folgende Titel erscheinen:

- Sinn für mein Leben finden
- Sich selbst bejahen
- Die Kraft deiner Gedanken
- Die Sprache der Träume
- Ich denke an Dich! Brief an einen süchtigen Freund

Impressum

Die Deutsche Bibliothek – CIP-Einheitsaufnahme

Böschemeyer, Uwe : Das Leben meint mich : Meditationen für den neuen Tag / Uwe Böschemeyer. – Hamburg : Ellert und Richter, 2001
ISBN 3-8319-0016-7

Text: Uwe Böschemeyer, Salzhausen
Fotos (nach Monaten): Georg Quedens, Norddorf/Amrum: 1, 2, 3
Heinz Teufel, Eckernförde: Titel, 4, 5, 6, 7, 8, 9, 10, 11, 12
Gestaltung: Büro Brückner + Partner, Bremen
Satz: KCS GmbH, Buchholz/Hamburg
Lithographie: Offset Repro im Centrum, Hamburg
Druck: Girzig + Gottschalk, Bremen
Bindung: S. R. Büge, Celle

Dr. Uwe Böschemeyer, Jahrgang 1939, Europäisches Zertifikat für Psychotherapie, Schüler Viktor E. Frankls, von Frankl zur Lehre und Praxis der Logotherapie autorisiert, Autor zahlreicher Bücher und anderer Veröffentlichungen, Gründer und Leiter des „Hamburger Instituts für Existenzanalyse und Logotherapie". Schwerpunkte seiner Arbeit sind neben der „existenzanalytischen Logotherapie" die von ihm begründete „Wertorientierte Persönlichkeitsbildung" sowie die von ihm entwickelte „Wertorientierte Imagination".

Anschrift des Autors:
Dr. Uwe Böschemeyer
Hamburger Institut für Existenzanalyse
und Logotherapie
Barckhausenstraße 20
21335 Lüneburg
Telefon: 04131/403844
Telefax: 04131/403845
e-mail: sekretariat@boeschemeyer.de
www.logotherapie-hamburg.de

Informationen über *Veranstaltungsprogramme* des Instituts können vom Sekretariat angefordert werden.